应用型院校经济管理类核心基础课程规划教材
"互联网+"融媒体系列教材

统计学原理学习指导书
（第二版）

朱淑梅　滕萍萍　主　编
李绍芳　杨秀秀　副主编

立信会计出版社
LIXIN ACCOUNTING PUBLISHING HOUSE

图书在版编目(CIP)数据

统计学原理学习指导书 / 朱淑梅，滕萍萍主编. --2版. --上海：立信会计出版社，2024.11
ISBN 978-7-5429-7480-8

Ⅰ.①统… Ⅱ.①朱… ②滕… Ⅲ.①统计学—高等学校—教学参考资料 Ⅳ.①C8

中国国家版本馆 CIP 数据核字(2023)第 222130 号

策划编辑　　郭　光
责任编辑　　张忠秀
美术编辑　　吴博闻

统计学原理学习指导书(第二版)
TONGJIXUE YUANLI XUEXI ZHIDAOSHU

出版发行	立信会计出版社
地　　址	上海市中山西路 2230 号　邮政编码　200235
电　　话	(021)64411389　传　真　(021)64411325
网　　址	www.lixinaph.com　电子邮箱　lixinaph2019@126.com
网上书店	http://lixin.jd.com　http://lxkjcbs.tmall.com
经　　销	各地新华书店
印　　刷	浙江临安曙光印务有限公司
开　　本	787 毫米×1092 毫米　1/16
印　　张	12.75
字　　数	288 千字
版　　次	2024 年 11 月第 2 版
印　　次	2024 年 11 月第 1 次
书　　号	ISBN 978-7-5429-7480-8/C
定　　价	42.00 元

如有印订差错，请与本社联系调换

第二版前言

统计学原理是高等院校经管类专业的基础课程。在大数据时代，统计学的发展呈现多元化趋势，无论是国家的经济调控管理，还是企业的生产经营管理，都与统计工作密切相关。为了使学生更好地理解统计学的基本原理，掌握统计学的数据分析方法，提高自身的统计应用能力，我们在《统计学原理》的基础上，编写了本书。

作为《统计学原理》（第二版）的配套教材，《统计学原理学习指导书》（第二版）在上一版的基础上同步增加了一章方差分析的内容，并对其他章节部分内容进行了修订。本书特色主要如下：

1. 实用性和针对性较强。本书按照《统计学原理》（第二版）教材的框架，根据各个章节的学习重点与难点，有针对性地设计了大量练习题，特别是计算分析题，将具体案例与统计分析方法结合，着重培养学生的数据分析能力，使学生重点掌握综合指标计算、时间序列分析、统计指数编制、相关与回归分析等具体的统计分析方法，有较强的实用性和针对性。

2. 答案解析详细具体。每章习题包括单项选择题、多项选择题、思考题、计算分析题四部分，每部分习题都配有参考答案，给出了详细的解答过程，力求通俗易懂，简明扼要，便于学生进行自测学习，也可用于教师的教学参考。

3. 内容概要多以表格形式呈现，一目了然。本书设置了内容概要部分，将《统计学原理》教材中的重难点内容进行了总结概括，并将其主要内容、重点公式整理成表格形式，清晰明了，便于学生掌握。

本书由朱淑梅、滕萍萍、李绍芳、杨秀秀、冯静、孔令一、李满林编写。在编写过程中，我们参考和借鉴了大量相关教材成果，得到了立信会计出版社郭光老师的大力支持，在此表示诚挚谢意！

由于编者水平有限，本书内容如有疏漏之处，恳请广大读者提出改进意见，以便我们进一步修订和完善。

编　者
2024 年 8 月

目 录

第一章 绪论	1
第一部分 内容概要	1
第二部分 练习题	5
第三部分 参考答案	8
第二章 统计调查	15
第一部分 内容概要	15
第二部分 练习题	19
第三部分 参考答案	23
第三章 统计整理	31
第一部分 内容概要	31
第二部分 练习题	35
第三部分 参考答案	40
第四章 综合指标	46
第一部分 内容概要	46
第二部分 练习题	50
第三部分 参考答案	58
第五章 抽样与参数估计	68
第一部分 内容概要	68
第二部分 练习题	73
第三部分 参考答案	79
第六章 假设检验	89
第一部分 内容概要	89
第二部分 练习题	92
第三部分 参考答案	98

第七章　方差分析 · 107
第一部分　内容概要 · 107
第二部分　练习题 · 109
第二部分　参考答案 · 117

第八章　相关与回归分析 · 125
第一部分　内容概要 · 125
第二部分　练习题 · 129
第三部分　参考答案 · 136

第九章　时间序列分析和预测 · 147
第一部分　内容概要 · 147
第二部分　练习题 · 153
第三部分　参考答案 · 161

第十章　统计指数 · 172
第一部分　内容概要 · 172
第二部分　练习题 · 176
第三部分　参考答案 · 184

第一章 绪 论

第一部分 内容概要

一、统计学的产生和发展

（一）统计实践的产生与发展

统计作为一种社会实践活动,具体发展历程如表1-1所示。

表1-1　　　　　　　　　　统计实践的产生与发展历程

阶段	统计实践发展历程
原始社会	人类最初对食物的分配计量活动已有了统计的萌芽
奴隶社会	开始对人口、土地和财产的统计,统计发展处于对事物调查登记和简单计数的初级阶段
封建社会	统计有了一定的发展,但统计活动范围受到限制,统计处于缓慢发展阶段
资本主义社会	统计扩展到社会经济的各个方面。1830—1849年,欧洲出现"统计狂潮",各国相继建立了专门的统计机构和统计研究组织,统计方法得到迅速发展

（二）统计学的产生与发展

随着统计实践的发展和对理论的概括总结,形成现今的统计学,具体如表1-2所示。

表1-2　　　　　　　　　　统计学的产生与发展历程

发展时期	主要成就
古典统计学时期 （17世纪中叶— 18世纪末）	该时期主要有两大代表学派：一是政治算术学派,产生于17世纪中叶的英国,主要代表人物是威廉·配第和约翰·格朗特,此学派"有统计学之实,无统计学之名";二是记述学派,又称国势学派,产生于18世纪的德国,其代表人物是赫尔曼·康令和戈特弗里德·阿亨瓦尔,此学派"有统计学之名,无统计学之实"
近代统计学时期 （18世纪末— 19世纪末）	该时期最重大成就是大数法则和概率论被引入统计学,最小平方法、相关与回归分析、指数分析法、时间数列分析法和正态分布等理论相继成为统计学的重要内容。该时期主要有两大代表学派：数理统计学派和社会统计学派
现代统计学时期 （20世纪初至今）	该时期的显著特点是数理统计学被广泛运用于各个学科领域,新的统计理论与方法大量涌现。到了20世纪中叶,现代统计学的基本框架已经确立

二、统计与统计学

（一）统计的含义

统计有三层含义，具体如表 1-3 所示。

表 1-3　　　　　　　　　　统计的三层含义

三层含义	具体概念	两层关系
统计工作	统计工作又称统计活动，是为了取得统计资料而进行的各项实际工作，包括统计设计、统计调查、统计整理与统计分析等	统计工作与统计资料之间是过程和成果的关系；统计学与统计工作之间是理论与实践的关系
统计资料	统计资料又称统计数据，即在统计活动过程中所获得的各种数字资料和其他资料的总称	
统计学	统计学是指阐述统计工作基本理论和基本方法的科学，是对统计工作实践的理论概括和经验总结	

（二）统计学的研究对象及特点

社会经济统计学的研究对象是社会经济现象的数量方面，即以数据为依据具体说明社会经济现象总体的数量特征、数量关系及数量界限。

统计学的特点包括：数量性、总体性、具体性和客观性。

（三）统计学研究的基本方法

统计学研究的基本方法如表 1-4 所示。

表 1-4　　　　　　　　　　统计学研究的基本方法

研究方法	概念
大量观察法	大量观察法是指对所研究现象总体中足够多的单位进行观察、分析和研究，以得到具有规律性的，可以反映总体特征的统计数据的一种统计方法
统计分组法	统计分组法是指根据研究现象的特点和研究目的，按照一定的标志，将所研究现象划分为不同类型的组的一种统计方法
综合指标法	综合指标法是指利用各种综合指标，从具体数量方面对社会经济总体的规模及特征进行综合、概括的分析方法
统计推断法	统计推断法是指以一定的置信水平，根据样本数据资料来判断总体数量特征的归纳推理方法

三、统计工作过程及工作组织

（一）统计工作的基本任务

统计的基本任务是对国民经济和社会发展情况进行统计调查、统计分析，提供统计资料和统计咨询意见，实行统计监督。

（二）统计的职能

统计的职能包括统计信息职能、统计咨询功能、统计监督职能。其中，统计信息职能是统计最基本的职能。

(三) 统计工作的过程

统计工作的过程分为四个阶段：统计设计、统计调查、统计整理、统计分析。

(1) 统计设计是根据统计研究对象的性质和研究目的，对统计工作各方面和各环节的计划与安排。统计设计是统计工作的第一工作阶段。

(2) 统计调查是根据统计研究的目的和统计设计规定的调查方案的要求，运用科学的调查方法，有组织地搜集被研究对象相关数据的工作过程。统计调查是整个统计工作的基础。

(3) 统计整理是指根据统计研究的目的，将统计调查所得的大量统计资料进行科学的分组、汇总、列表等加工处理过程，使分散的、不系统的原始数据系统化、条理化、科学化。统计整理是统计工作的中间环节，起着承上启下（承前启后）的重要作用。

(4) 统计分析是指根据统计研究的目的，综合运用各种统计分析方法和统计指标，对加工整理后的统计资料进行定性和定量分析，并对所研究现象的发展趋势和未来状况进行预测的工作过程。统计分析是统计工作的最后阶段，是获得统计工作最终成果的阶段。

四、统计学的基本概念

(一) 总体和总体单位

1. 总体

总体又称统计总体，是指统计研究的客观对象的全体，即由具有某种同一性质的许多事物（单位）结合起来的集合体，有时又称为母体。

总体具有同质性、大量性和差异性三个主要特征。同质性是指总体中的各个单位必须具有某种共同的属性或特征；大量性是指总体中包括的总体单位有足够多的数量；差异性也称变异性，是指总体中的各单位的属性或特征在某些方面存在一定的差异。

2. 总体单位

总体单位是指构成统计总体的个别单位，是总体这个集合体的元素。

总体与总体单位具有相对性，随着研究目的和任务的改变，总体与总体单位可以相互转化。

(二) 标志与变量

1. 标志

标志是说明总体单位属性和特征的名称。每个总体单位从不同方面考察都具有许多属性或特征。标志的具体表现是在标志名称之后所表明的属性或数值。标志主要有两种分类方式：

(1) 按其表现形式可分为品质标志和数量标志。品质标志是表明总体单位品质特征的标志，只能用文字表现；数量标志是表示总体单位数量特征的标志，可以用数字表现。

(2) 按其表现结果可分为不变标志和可变标志。不变标志是指在每一个单位上的具体表现完全相同的标志；可变标志是指在每一个单位上的具体表现不尽相同的标志。

2. 变量

狭义的变量是指可变的数量标志。变量的具体数值称为变量值,也称为标志值。变量主要有两种分类方式:

(1) 按其取值是否连续可分为连续变量和离散变量。离散变量是指只能取整数值的变量,即变量的变化是间断的,数值都是不连续的整数值;连续变量是连续不断的,相邻两值之间可取无限数值的变量。

(2) 按其所受影响因素不同可分为确定性变量和随机性变量。确定性变量是指受确定性因素影响的变量,即影响变量值变化的因素是明确的、可解释的或可控制的;随机性变量是指受随机性因素影响的变量,即影响变量值变化的因素是不确定的、偶然的。

(三) 统计指标与指标体系

1. 统计指标

统计指标简称指标,是说明总体现象数量特征的概念及其数值。从完整意义上看,统计指标由六个要素组成:时间范围、空间范围、指标名称、指标数值、计量单位、计算方法。指标名称和指标数值是指标的两个基本部分。

指标与标志的区别与联系如表 1-5 所示。

表 1-5　　　　　　　　　　指标与标志的区别与联系

名称		指标	标志
区别	说明的对象不同	说明总体特征	说明总体单位特征
	表现形式不同	用数值表示	既可有用文字表示的品质标志,又可有能用数值表示的数量标志
联系	汇总关系	指标的数值是由总体单位的数量标志值经过汇总、计算而得	
	转换关系	指标和标志的确定是相对的,可以相互转换	

统计指标的分类如表 1-6 所示。

表 1-6　　　　　　　　　　统计指标的分类

分类标志	具体内容
按指标反映总体现象的内容分类	数量指标:反映总体某一特征的绝对数量,说明总体的规模、工作总量和水平,一般用绝对数表示
	质量指标:反映总体的强度、密度、效果、结构、工作质量等,一般用平均数、相对数表示
按指标具体内容和表现形式分类	总量指标:是指反映总体现象规模或水平的统计指标,其数值用绝对数表示
	相对指标:是指两个有联系的指标数值之比,用来反映有联系的现象之间数量对比关系
	平均指标:是说明总体单位某一数量标志一般水平的统计指标,用来说明总体的一般水平,也可以反映现象发展的平均水平和平均速度

(续表)

分类标志	具体内容
按指标反映时间特点不同分类	时点指标：是反映总体特征在某一时点的数量表现，常用期末数字，反映的是"存量"
	时期指标：是反映总体特征在某一时期的数量表现，反映的是"流量"

2. 统计指标体系

统计指标体系是根据统计研究目的和研究任务的需要，建立的由若干相互联系、相互制约的统计指标所构成的，用以反映统计研究对象的数量特征和数量关系的一个有机整体。

第二部分 练 习 题

一、单项选择题

1. 历史上最先提出统计学一词的统计学家是（　　）。
   A. 威廉·配第　　　B. 阿亨瓦尔　　　C. 约翰·格朗特　　　D. 康令

2. 历史上"有统计学之名，无统计学之实"的统计学派是（　　）。
   A. 政治算术学派　　B. 国势学派　　C. 数理统计学派　　D. 社会统计学派

3. 历史上"有统计学之实，无统计学之名"的统计学派是（　　）。
   A. 政治算术学派　　B. 国势学派　　C. 数理统计学派　　D. 社会统计学派

4. "统计"一词的三种含义是（　　）。
   A. 统计活动、统计资料和统计学
   B. 统计调查、统计整理和统计分析
   C. 统计设计、统计分析和统计预测
   D. 统计方法、统计分析和统计预测

5. 统计学与统计工作的关系是（　　）。
   A. 工作与结果的关系
   B. 理论与应用的关系
   C. 工作与经验的关系
   D. 理论与实践的关系

6. 社会经济统计学的研究对象是（　　）。
   A. 抽象的数量关系
   B. 社会经济现象的规律性
   C. 社会经济现象的数量特征、数量关系及数量界限
   D. 社会经济统计认识过程的规律和方法

7. 统计最基本的职能是（　　）。
   A. 信息职能　　　B. 咨询职能　　　C. 反映职能　　　D. 监督职能

8. （　　）是对加工整理后的统计资料进行定性和定量分析，并对所研究现象的发展趋势和未来状况进行预测的工作过程，是获得统计工作最终成果的阶段。

A. 统计分析　　　　B. 统计设计　　　　C. 统计整理　　　　D. 统计调查

9. 统计总体的根本特征是(　　)。

A. 一致性　　　　　B. 同质性　　　　　C. 综合性　　　　　D. 社会性

10. 一个统计总体(　　)。

A. 只能有一个标志　　　　　　　　　　B. 只能有一个指标
C. 可以有多个标志　　　　　　　　　　D. 可以有多个指标

11. 现要了解某机床厂的生产经营情况,该厂的产量和利润是(　　)。

A. 连续型变量　　　　　　　　　　　　B. 前者是连续型变量,后者是离散型变量
C. 离散型变量　　　　　　　　　　　　D. 前者是离散型变量,后者是连续型变量

12. 某工人月工资500元,则"工资"是(　　)。

A. 数量标志　　　　B. 品质标志　　　　C. 质量指标　　　　D. 数量指标

13. 为了解某高校学生每月消费支出情况,从10 000名学生中随机抽取500名学生进行调查,此项调查的总体单位是(　　)。

A. 某高校　　　　　　　　　　　　　　B. 10 000名大学生
C. 每一名大学生　　　　　　　　　　　D. 每名大学生的每月消费情况

14. 反映总体单位特征的名称是(　　)。

A. 标志　　　　　　B. 指标　　　　　　C. 数据　　　　　　D. 概念

15. 要了解50所高校教学设备的完好情况,则统计研究的总体是(　　)。

A. 50所高校　　　　　　　　　　　　　B. 50所高校的全部教学设备
C. 50所高校中的每一台教学设备　　　　D. 50所高校的教学设备完好

16. 下列各项中,属于质量指标的是(　　)。

A. 人口密度　　　　B. 土地总面积　　　C. 税收总额　　　　D. 利润总额

17. 下列标志中,属于品质标志的是(　　)。

A. 年龄　　　　　　B. 学习成绩　　　　C. 专业　　　　　　D. 身高

18. 总体有三个人,其某月工资分别为1 445元、1 650元和950元,其平均工资"681.67"元是(　　)。

A. 指标值　　　　　B. 标志值　　　　　C. 变量　　　　　　D. 变异

19. 人口自然增长率3.45%是(　　)。

A. 品质标志　　　　B. 数量标志　　　　C. 数量指标　　　　D. 质量指标

20. 某银行的储蓄存款余额(　　)。

A. 一定是统计指标　　　　　　　　　　B. 可能是统计指标,也可能是数量标志
C. 一定是数量标志　　　　　　　　　　D. 既不是统计指标,也不是数量标志

二、多项选择题

1. 统计具有(　　)的特点。

A. 具体性　　　　B. 客观性　　　　C. 数量性　　　　D. 总体性

2. 统计的工作过程一般包括（　　）。

A. 统计设计　　　B. 统计调查　　　C. 统计整理　　　D. 统计分析

3. 总体的基本特征有（　　）。

A. 同质性　　　　B. 大量性　　　　C. 差异性　　　　D. 绝对性

4. 下列各项中，属于数量标志的有（　　）。

A. 商品零售额　　B. 工龄　　　　　C. 计划完成百分数　D. 企业经济类型

5. 人口普查中，下列表述正确的有（　　）。

A. 全国人口是总体　　　　　　　　B. 年龄是变量

C. 每个人的性别是标志　　　　　　D. 每一个人是总体单位

6. 在工业普查中，（　　）。

A. 工业总产值是指标　　　　　　　B. 所有的工业企业是总体

C. 设备总台数是指标　　　　　　　D. 每一个工业企业是总体单位

7. 统计有（　　）的职能。

A. 信息　　　　　B. 咨询　　　　　C. 调控　　　　　D. 监督

8. 下列各项中，属于连续变量的有（　　）。

A. 粮食产量　　　B. 平均工资　　　C. 全国总人口　　D. 利润总额

9. 作为一个完整的统计指标，国民生产总值 5 000 亿元，缺少下列哪些要素（　　）。

A. 计算方法　　　B. 指标数值　　　C. 时间范围　　　D. 空间范围

10. 某市工业生产进行调查，得到以下资料，其中属于统计指标的有（　　）。

A. 工业总产值为 129 000 万元　　　B. 职工人数 100 万人

C. 某企业职工人数是 3 000 人　　　D. 机器台数为 89 000 台

三、判断题

1. 统计是指对某一现象有关数据的搜集、整理、计算和分析等活动。　　　　　　（　　）

2. 统计学是先于统计工作而发展起来的。　　　　　　　　　　　　　　　　　　（　　）

3. 统计学是一门研究现象总体数量特征的方法论科学，所以它不关心、也不考虑个别现象的数量特征。　　　　　　　　　　　　　　　　　　　　　　　　　　　　　　（　　）

4. 任何一个统计指标值，都是总体在一定时间、地点、条件下的数量表现。　　　（　　）

5. 在统计的三层含义中，统计工作是基础，是源。　　　　　　　　　　　　　　（　　）

6. 统计着眼于事物的整体，不是为个别事物服务的。　　　　　　　　　　　　　（　　）

7. 指标是不能用数值表示的。　　　　　　　　　　　　　　　　　　　　　　　（　　）

8. 标志的具体表现是在标志名称之后所表明的属性或数值。　　　　　　　　　　（　　）

9. 总体的同质性是指总体中的各个单位在所有标志上都相同。　　　　　　　　　（　　）

10. 有限总体是指总体中的单位数有限。( )

11. 工业企业作为总体单位时,该企业的工业增加值是数量标志;若该企业作为总体,该企业的工业增加值是统计指标。( )

12. 总体与总体单位,标志与指标的划分都具有相对性。( )

13. 同一总体中的单位,既有不变标志,也有可变标志。( )

14. 人口的平均寿命是数量标志。( )

15. 统计指标有的用文字表示,叫作质量指标;有的用数字表示,叫作数量指标。( )

16. 统计总体存在的前提是同质性。( )

17. 某个工人的年龄、性别、体重都是重要的品质标志。( )

18. 对某市工程技术人员进行普查,该市工程技术人员的全部工资收入水平是数量标志。( )

19. 数量指标的表现形式是绝对数,质量指标的表现形式是相对数或平均数。( )

20. 男性是品质标志。( )

四、思考题

1. 什么是统计?统计工作、统计资料和统计学的关系如何?
2. 什么是总体和总体单位?
3. 要调查某班学生的统计学学习情况,请分别指出总体、总体单位?试举该调查中涉及的品质标志、数量标志、数量指标和质量指标。
4. 什么是指标?指标与标志的关系如何?

第三部分 参 考 答 案

一、单项选择题

1. 【答案】 B

   【解析】 阿亨瓦尔将记述和比较国情的国势学定名为"统计学",是最先提出统计学一词的统计学家。

2. 【答案】 B

   【解析】 记述学派(国势学派)最早提出和使用"统计学"的名词,但在进行国势比较分析中偏重对事物性质的描述和解释,而不注重数量分析,因而"有统计学之名,无统计学之实"。

3. 【答案】 A

【解析】 政治算术学派运用大量观察法、分类分析法和对比分析法等进行社会经济问题的综合研究,但该学派学者的著作均没有使用"统计学"之名,因而"有统计学之实,无统计学之名"。

4. 【答案】 A

【解析】 在现实经济生活中,人们一般将统计概括为统计工作(统计活动)、统计资料和统计学三层含义。

5. 【答案】 D

【解析】 统计学与统计工作之间是理论与实践的关系。统计学是统计实践活动的经验总结和理论概括,统计工作是在统计理论的指导下进行和完成的,并检验和发展统计理论。

6. 【答案】 C

【解析】 社会经济统计学的研究对象是社会经济现象的数量方面,即以数据为依据具体说明社会经济现象总体的数量特征、数量关系及数量界限。

7. 【答案】 A

【解析】 统计信息职能是统计最基本的职能,是统计咨询职能和统计监督职能发挥作用的保证。

8. 【答案】 A

【解析】 统计分析是指根据统计研究的目的,综合运用各种统计分析方法和统计指标,对加工整理后的统计资料加以定性和定量分析,并对所研究现象的发展趋势和未来状况进行预测的工作过程。统计分析是统计工作的最后阶段,是对所研究现象从感性认识上升到理性认识的过程,能揭示现象的本质,得到其发展变化规律性的结论,是获得统计工作最终成果的阶段。

9. 【答案】 B

【解析】 同质性是指总体中的各个单位必须具有某种共同的属性或特征。同质性是总体的根本特征,只有个体单位是同质的,统计才能通过对个体特征的观察研究,归纳和揭示出总体的综合特征和规律性。

10. 【答案】 D

【解析】 说明总体现象数量特征的概念及其数值的是指标而非标志,一个统计总体可以有多个指标。标志是说明总体单位属性和特征的名称。

11. 【答案】 D

【解析】 离散变量是指只能取整数值的变量,即变量的变化是间断的,数值都是不连续的整数值。连续变量是连续不断的,相邻两值之间可取无限数值的变量,即变量是连续的、不间断的。机床厂的产量只能取整数,因而属于离散型变量;利润可以连续、不间断,属于连续型变量。

12. 【答案】 A

    【解析】 "工资"是说明某工人即某个总体单位的属性和特征,因而属于标志,该标志可以用数字表现,所以属于数量标志。

13. 【答案】 C

    【解析】 总体单位是指构成统计总体的个别单位,是总体这个集合体的元素。总体单位要根据研究目的确定,该研究是为了研究某高校学生的每月消费支出情况,因而总体单位是每一名学生。

14. 【答案】 A

    【解析】 标志是说明总体单位属性和特征的名称。

15. 【答案】 B

    【解析】 总体又称统计总体,是指统计研究的客观对象的全体,即由具有某种同一性质的许多事物(单位)结合起来的集合体。该研究是为了了解50所高校的教学设备完好情况,研究的是教学设备,所以总体是50所高校的所有教学设备。

16. 【答案】 A

    【解析】 质量指标反映总体的强度、密度、效果、结构、工作质量等,一般用平均数、相对数表示,其数值的大小与总体所包括的范围无直接的关系。选项BCD都是绝对数形式,属于数量指标。

17. 【答案】 C

    【解析】 品质标志是表明总体单位品质特征的标志,其特征是只能用文字表现。选项ABD都可以用数字表示,因而属于数量标志。

18. 【答案】 A

    【解析】 平均工资"681.67"元说明的是总体现象数量特征的具体数值,因而属于指标值。

19. 【答案】 D

    【解析】 人口自然增长率3.45%说明的是总体现象的数量特征,表现形式是相对数,因而属于质量指标。

20. 【答案】 B

    【解析】 由于研究的目的和任务不同,总体和总体单位不是固定不变的,指标和标志的确定也会是相对的,可以相互转换,指标有可能变为标志,标志也有可能变为指标。因而某银行的储蓄存款余额可能是数量标志,也可能是统计指标,具体要看研究目的。

二、多项选择题

1. 【答案】 ABCD

    【解析】 统计学主要有四个特点:数量性、总体性、具体性和客观性。

2. 【答案】 ABCD

【解析】 统计工作是对社会经济现象进行调查研究以认识其本质和规律性的一种工作,这种调查研究的工作过程是对客观现象的一种认知过程。这一过程体现分为四个阶段:统计设计、统计调查、统计整理、统计分析。

3. 【答案】 ABC

【解析】 总体具有同质性、大量性和差异性三个主要特征。

4. 【答案】 ABC

【解析】 数量标志是表示总体单位数量特征的标志,其特征可以用数字表现。选项ABC都可以用数字表示;选项D只能用文字表示,属于质量标志。

5. 【答案】 ABCD

【解析】 选项A和选项D,人口普查中,全国所有的人口是总体,每一个人是总体单位;选项B,狭义上的变量是指可变的数量标志,因而年龄属于变量;选项C,每个人的性别反映的是总体单位的属性和特征,因而属于标志。

6. 【答案】 ABCD

【解析】 在工业普查中,总体是所有的工业企业,总体单位是每一个工业企业,则设备台数是指标,某一个工业企业的产值是标志。

7. 【答案】 ABD

【解析】 统计具有信息职能、咨询职能和监督职能。

8. 【答案】 ABD

【解析】 连续变量是连续不断的,相邻两值之间可取无限数值的变量,即变量是连续的、不间断的。选项C,总人口数只能取整数,属于离散变量。

9. 【答案】 ACD

【解析】 从完整意义上看,统计指标由六个要素组成:时间范围、空间范围、指标名称、指标数值、计量单位、计算方法。国民生产总值5 000亿元有指标名称、指标数值和计量单位,缺少时间范围、空间范围和计算方法。

10. 【答案】 ABD

【解析】 统计指标简称指标,是说明总体现象数量特征的概念及其数值。选项C,某企业职工人数是3 000人,反映的是某个具体企业即总体单位的特征,属于标志。

三、判断题

1. 【答案】 √

2. 【答案】 ×

【解析】 统计学是统计工作的经验总结和理论概括,与统计工作是理论与实践的关系。

3. 【答案】 ×

   【解析】 统计研究的目的是从所研究的社会经济现象的总体出发,通过对社会经济现象总体中的构成单位(即个体)进行大量观察和综合分析,来达到认识社会经济现象总体数量特征的目的。因此,要研究总体数量特征,必须掌握个体的数量特征。

4. 【答案】 √

   【解析】 任何一个统计指标值,都是总体在一定时间、地点、条件下的数量表现。

5. 【答案】 √

   【解析】 统计具有统计工作、统计资料、统计学三层含义。统计工作与统计资料是过程与结果的关系,统计工作与统计学是理论与实践的关系,统计资料和统计学都离不开统计工作,因此,统计工作是基础,是源头。

6. 【答案】 √

   【解析】 统计的最终目的是认识社会经济现象总体的数量特征。

7. 【答案】 ×

   【解析】 所有的指标都可以用数值表示。

8. 【答案】 √

   【解析】 标志的具体表现是在标志名称之后所表明的属性或数值。

9. 【答案】 ×

   【解析】 同质性是指总体中的各个单位必须具有某种共同的属性或特征,但总体中的各单位的属性或特征在某些方面必须存在一定的差异,这样才有研究总体的必要。

10. 【答案】 √

    【解析】 有限总体是指总体的范围能够确定,且单位数目是有限可数的。

11. 【答案】 √

    【解析】 工业企业作为总体单位时,该企业的工业增加值反映的是总体单位的属性或特征,那么该企业的工业增加值是数量标志;如果该企业作为总体,该企业的工业增加值反映的是总体的数量特征,那么该企业的工业增加值是统计指标。

12. 【答案】 √

    【解析】 由于研究的目的和任务不同,总体和总体单位不是固定不变的,指标和标志的确定也会是相对的,可以相互转换,指标有可能变为标志,标志也有可能变为指标。

13. 【答案】 √

    【解析】 标志按其表现结果可分为不变标志和可变标志。不变标志是指在每一个单位上的具体表现完全相同的标志;可变标志是指在每一个单位上的具体表现不尽相同的标志。同一总体中的单位,既可能有不变标志,也可能有可变标志。

14. 【答案】 ×

    【解析】 人口的平均寿命反映的是总体的数量特征,因而属于指标。

15. 【答案】 ×

    【解析】 统计指标都可以用数字表示。

16. 【答案】 √

    【解析】 统计总体要想存在,总体中的各个单位必须具有某种共同的属性或特征,即同质性。

17. 【答案】 ×

    【解析】 年龄和体重属于数量标志。

18. 【答案】 ×

    【解析】 对某市工程技术人员进行普查时,该市所有的工程技术人员是统计总体,则该市所有的工程技术人员的全部工资收入水平是指标。

19. 【答案】 √

    【解析】 统计指标按其反映总体现象的内容不同分为数量指标和质量指标两种。数量指标反映总体某一特征的绝对数量,说明总体的规模、工作总量和水平,一般用绝对数表示;质量指标反映总体的强度、密度、效果、结构、工作质量等,一般用平均数、相对数表示。

20. 【答案】 ×

    【解析】 男性是性别品质标志的标志表现。

四、思考题

1. 【答案】

    在现实经济生活中,人们一般将统计概括为统计资料、统计工作和统计学。以统计数据形式表现的信息资料称为统计资料;为了取得统计资料而进行的各项实际工作,称为统计工作,包括统计设计、统计调查、统计整理与统计分析等;用于指导统计活动、研究现象数量关系及其变化规律的理论和方法,称为统计学。

    上述统计资料、统计工作和统计学三层含义之间存在着密切的关系:

    统计工作与统计资料之间是过程和成果的关系。统计资料是统计工作的成果,即在统计工作活动过程中取得的反映客观现象及其过程的数字资料,还有与之相联系的其他资料,如文字资料、图表资料等的总称。

    统计学与统计工作之间是理论与实践的关系。统计学是统计实践活动的经验总结和理论概括,统计工作在统计理论的指导下进行和完成,并检验和发展统计理论。

2. 【答案】

    总体又称为统计总体,是指统计研究的客观对象的全体,即由具有某种同一性质的许多事物(单位)结合起来的集合体,有时又称为母体。

    总体单位是指构成统计总体的个别单位,是总体这个集合体中的元素。

3. 【答案】

　　总体是该班级的所有学生;总体单位是该班级的每一个学生。

　　品质标志:每个学生的民族、性别、专业、职务等。

　　数量标志:每个学生的年龄、身高、统计学成绩等。

　　数量指标:学生的统计学总成绩、班级总人数等。

　　质量指标:学生的平均年龄、统计学平均成绩、统计学不及格率、上课率等。

4. 【答案】

　　统计指标简称指标,是反映总体现象数量特征的概念及其数值。

　　统计指标与标志既有区别,又有联系:

　　(1)指标与标志的区别。第一,两者说明的对象不同,指标是说明总体特征的,标志是说明总体单位特征的。第二,两者的表现形式不同,指标都是用数值表示的,没有不能用数值表示的指标;标志既有用文字表示的品质标志,又有用数值表示的数量标志。第三,指标数值是经过汇总取得的,标志一般无须汇总。第四,完整的统计指标总是与特定的时间地点和范围相联系的。

　　(2)指标与标志的联系。第一,汇总关系,指标的数值是由总体单位的数量标志值经过汇总,计算而得出的,没有总体单位的标志值,就没有总体的指标数值,总体各单位标志值的大小及其变化都直接影响总体指标数值的大小及其变化。第二,转换关系,由于研究的目的和任务不同,总体和总体单位不是固定不变的,指标和标志的确定也是相对的,可以相互转换。

第二章 统计调查

第一部分 内容概要

一、统计数据的类型与搜集

（一）统计数据的类型

统计数据是对社会经济现象进行计量或测量的结果。统计数据的分类如表 2-1 所示。

表 2-1　　　　　　　　　　　　统计数据的分类

分类方法	具体概念	特点
按计量尺度分类	（1）定类数据：也称为分类数据或名义类别数据，用以说明事物的品质特征，不能用数值表示	结果表现为类别，并且不能区分顺序，没有大小的比较
	（2）定序数据：也称为顺序数据，用以说明事物的品质特征，可为对象排序，不能用数值表示	结果表现为类别，但能区分顺序，可以进行大小比较
	（3）定距数据：也称为区间类别数据，用以说明事物的数量特征，能够用数值表示	结果表现为数值，可进行加、减运算
	（4）定比数据：也称为比率类别数据，说明的也是事物的数量特征，能够用数值表示	结果表现为数值，可进行加、减、乘、除运算，没有负数
按收集方法分类	（1）观察数据：是指通过调查或者观测而收集到的数据	数据是在没有对事物人为控制的条件下所得出的，主要用于研究社会经济现象
	（2）实验数据：是指在实验中控制实验对象而收集到的数据	数据受人为控制，主要用于研究自然现象
按被描述对象与时间之间的关系分类	（1）截面数据：是指在相同或近似相同的时间点上所收集的数据	描述现象在某一时刻的变化情况
	（2）时间序列数据：是指在不同时间上所收集到的数据	描述现象随时间而变化的情况
	（3）面板数据：是指对不同观测对象在不同时间段或时点上所收集的数据	描述多个观测对象随着时间变化而变化的情况，是截面数据和时间序列数据两者的结合

（二）统计数据的搜集

从统计数据本身的来源看，统计数据最初都是来源于直接的调查或实验。

从使用者的角度看，统计数据主要来源于两种渠道：一是来源于直接的调查和科学实验,对使用者来说,这是统计数据的直接来源,我们称之为第一手或直接的统计数据。二是来源于别人调查或实验的数据,对使用者来说,这是统计数据的间接来源,我们称之为第二手或间接的统计数据。

二、统计调查的基本要求及分类

(一)统计调查的基本要求

统计调查是整个统计工作的基础环节,担负着提供基础资料的任务。要做好统计调查,必须遵循准确性、及时性、完整性要求。

(二)统计调查的分类

统计调查的分类,具体如表2-2所示。

表 2-2　　　　　　　　　　　统计调查的分类

分类方法	具体概念	特点
按调查对象的范围不同分类	(1) 全面调查:是指对调查对象的所有个体单位都进行调查登记,以获得全面统计资料的一种调查方式	能掌握调查总体的全面情况,但会消耗较多的人力、物力和财力,调查时间也会较长
	(2) 非全面调查:是指对调查对象中的一部分个体单位进行调查登记的一种调查方式	涉及的调查单位较少,可以节省调查过程中的人力、物力和时间,比较灵活
按调查登记时间是否连续分类	(1) 经常性调查:是指随着调查对象时间上的变化而连续不断地进行调查登记的一种调查方式	目的在于获取事物在一定时期内的发展变化全过程及其结果的统计资料
	(2) 一次性调查:是指间隔一段时间对调查对象的状况进行调查登记,以取得这些现象在一定时点状态上的状况资料的一种调查方式	现象的数值在一定时期内变动不大,只需间隔一段时间组织一次调查即可
按调查的组织形式分类	(1) 统计报表:是按照国家有关法规规定,自上而下统一布置,自下而上逐级填报的一种调查组织方式	精心周密设计、高度统一、规范;回收率高,内容相对稳定,便于资料积累、对比;层层上报、逐级汇总,可以满足各部门需要
	(2) 普查:是为某一特定目的而专门组织的一次性全面调查	普查通常是一次性或周期性的;一般需要规定统一的标准时点;普查的数据一般比较准确,规范化程度也高;使用范围较窄,只能调查一些最基本或特定的现象
	(3) 抽样调查:是从调查对象总体中抽取一部分作为样本,通过对这部分样本的调查结果进行推算、估测、分析来推断总体调查对象的一种调查方法。其分为随机抽样与非随机抽样两类,本教材主要介绍随机抽样	遵循随机原则;根据样本的数量性推断总体的数量特征;抽样调查的误差可以事先计算并加以控制

(续表)

分类方法	具体概念	特点
按调查的组织形式分类	(4)重点调查:是在调查对象中选择一部分重点单位进行调查,以取得统计数据的一种非全面调查	重点调查的关键是确定重点单位,重点单位是它们的标志总量在总体总量中占据很大比重,其特征可以反映总体的基本情况
	(5)典型调查:是从全部总体单位中选择一个或几个有代表性的单位进行深入细致调查的一种调查组织方式	典型调查主要用于定性调查研究,调查结果一般不能推断总体

三、统计调查方案

统计调查方案是为了在调查过程中统一认识、统一内容、统一方法、统一步调,顺利完成调查任务,在调查之前,制定一个周密的调查工作计划,这个计划称为统计调查方案。

统计调查方案的主要内容有:

(1)确定调查目的。

(2)确定调查对象和调查单位。调查对象是指要调查的社会经济现象总体;调查单位是构成社会经济现象总体的个体,即在调查对象中所要调查的具体单位。

(3)确定调查项目。

(4)设计调查表。

(5)确定调查时间。调查时间是指调查资料所属的时点或时期,即调查资料所反映的社会经济现象客观存在的时间。进行调查工作的时间包括搜集资料或报送资料整个工作所需时间,称之为调查工作时限。

(6)确定调查地点。调查地点是进行调查登记的地点,即调查单位应在何地接受调查。

(7)调查工作的组织计划。

四、统计调查方法

(一)统计调查的具体方法

统计调查方法主要是指具体的数据搜集方法。归纳起来,数据搜集方法有询问调查和观察实验两大类,具体如表2-3所示。

表2-3   统计数据搜集方法

类别	具体概念	特点及应用
询问调查	(1)访问调查:又称派员调查,是调查者与被调查者通过面对面交谈从而得到所需资料的调查方法,分为标准式访问和非标准式访问两种	常在市场和社会调查中被采用

(续表)

类别	具体概念	特点及应用
询问调查	(2) 邮寄调查：是指通过邮寄、宣传媒体和专门场所等将调查表或问卷送至被调查者手中，由被调查者填写，然后将调查表寄回或投放到收集点的一种调查方法	调查人员和被调查者没有直接的语言交流，信息的传递完全依赖于调查表；在统计部门进行的统计报表及市场调查机构进行的问卷调查中经常使用
	(3) 电话调查：是调查人员利用电话同受访者进行语言交流，从而获得信息的一种调查方法	时效快，费用低；应用比较广泛，但电话调查所提问题要明确，且数量不宜过多
	(4) 电脑辅助调查：也称为电脑辅助电话调查，即在电话调查时，调查的问卷、答案都由计算机显示，整个调查过程，包括电话拨号、调查记录、数据处理等也都借助于计算机来完成的一种调查方法	已在一些发达国家和地区广泛应用，并已开发出了各种电脑辅助电话调查系统
	(5) 座谈会：也称为集体访谈法，就是将一组被调查者集中在调查现场，让他们对调查的主题发表意见，从而获取资料的方法	可获得较为广泛深入的想法和意见
	(6) 个别深度访问：是一种一次只要一名受访者参加的特殊的定性研究	适用于个人隐私问题、敏感问题、政治性问题等
观察实验	(1) 观察法：是指就调查对象的行动和意识，调查人员边观察边记录的收集信息的方法	常常能在被观测者不察觉的情况下获得信息资料
	(2) 实验法：是在所设定的特殊实验场所、特殊状态下，对调查对象进行实验以取得所需资料的一种特殊的观察调查方法	可用于广告认知实验和消费者需求调查等

（二）调查问卷设计

在统计调查中，经常会用到调查问卷，问卷是一种特殊形式的调查表。不同的调查问卷在具体结构、题型、措辞、版式等设计上会有所不同，但在结构上一般都由开头部分、甄别部分、主体部分和结尾部分组成。

1. 提问项目的设计

问卷所要调查的资料，由若干个提问的具体项目，即问题构成。调查问卷的问题措辞要准确，具体应注意以下几点。

(1) 提问的内容尽可能简短。

(2) 一项提问只包含一项内容。

(3) 避免提笼统、抽象或过于专业化的问题。

(4) 避免用不确切的词。

(5) 避免诱导性提问。

(6) 避免否定形式的提问。

(7) 避免调查者禁忌和敏感性的问题。

2. 回答项目的设计

回答项目的设计即答案设计,是问卷设计的重要组成部分。问卷中的问题类型有两类:

(1) 开放性问题。开放性问题是指对问题的回答没有给出可供选择的答案,由被调查者自由回答。

(2) 封闭性问题。封闭式问题是指对问题事先设计出了各种可能的答案,由被调查者从中选择。根据提问项目或内容的不同,封闭式问题的问句选择主要有:两项式问句;多项式问句;顺位式问句;标度式问句。

3. 问卷顺序的设计

具体来说,设计问题的顺序时,应注意以下几点。

(1) 问题的安排应具有逻辑性。

(2) 问题的顺序应先易后难。

(3) 将能引起被调查者兴趣的问题放在前面。

(4) 开放性问题放在后面。

第二部分 练 习 题

一、单项选择题

1. 统计调查的基本任务是（　　）。

A. 制定调查方案　　B. 确定调查计划　　C. 搜集统计资料　　D. 组织调查工作

2. 统计调查搜集的主要是原始资料,原始资料是指（　　）。

A. 统计部门掌握的统计资料

B. 向调查单位搜集的尚待汇总整理的个体资料

C. 对历史资料进行分析后取得的预测数据

D. 统计年鉴或统计公报上发布的资料

3. 某城市拟对占全市储蓄额 4/5 的几个银行进行调查,以了解全市储蓄的一般情况,这种调查方式属于（　　）。

A. 典型调查　　B. 抽样调查　　C. 普查　　D. 重点调查

4. 为了估计某校学生的网上购物情况,最适宜采取的调查方法是（　　）。

A. 统计报表　　B. 普查　　C. 抽样调查　　D. 典型调查

5. 全面调查是对构成调查对象的所有单位进行逐一的调查,因此,下述调查中属于全面调查的是（　　）。

A. 对全国钢铁生产中的重点单位进行调查

B. 对全国的人口进行调查

C. 到棉花产量占本区 4/5 的某棉花生产地了解棉花收购情况

D. 抽选一部分单位对已有的资料进行复查

6. 对某市全部商业企业职工的生活状况进行调查,调查对象是( )。

  A. 该市全部商业企业   B. 该市全部商业企业职工

  C. 该市每一个商业企业   D. 该市商业企业每一名职工

7. 重点调查中的重点单位是指( )。

  A. 这些单位是工作的重点

  B. 在某些方面做出成绩的单位

  C. 某一数量标志值在总体中占比较大的单位

  D. 典型单位

8. 在对总体现象进行分析的基础上,有意识地选择若干具有代表性的单位进行调查研究,这种调查方法是( )。

  A. 典型调查 B. 抽样调查 C. 普查 D. 重点调查

9. 2020 年 11 月 1 日零点的全国人口普查是( )。

  A. 一次性调查和非全面调查 B. 经常性调查和非全面调查

  C. 一次性调查和全面调查 D. 经常性调查和全面调查

10. 统计调查方案的首要问题是( )。

  A. 调查经费的落实   B. 调查组织工作

  C. 明确调查目的   D. 确定调查项目

11. 下列调查中,调查单位与填报单位一致的是( )。

  A. 企业设备调查   B. 人口普查

  C. 企业职工工资水平调查   D. 工业企业现状调查

12. 调查时间是指( )。

  A. 调查资料所属的时间   B. 进行调查工作的期限

  C. 调查工作登记的时间   D. 调查资料的报送时间

13. 某集团公司规定 2022 年各地分公司销售业绩统计表呈报时间是 2023 年 1 月 10 日,其调查时间为( )。

  A. 1 天 B. 10 天 C. 1 年 D. 1 年零 10 天

14. 根据问卷设计的要求,下列问题和答案中,设计最合适的是( )。

  A. 你的出生地是_____。

  (1) 北京 (2) 其他地区 (3) 外国

  B. 你的年龄是_____。

  (1) 24 周岁及以下 (2) 25—29 周岁 (3) 30—34 周岁 (4) 35 周岁及以上

  C. 你上周阅读的长篇小说数量是_____。

(1) 0 部　　　　(2) 1—10 部　　　　(3) 11—20 部　　　　(4) 21 部以上

D. 你父母支持你去北京工作吗？

(1) 支持　　　　(2) 不支持　　　　(3) 不知道

15. 对某城市工业企业的设备进行普查，填报单位是（　　）。

　　A. 全部设备　　　B. 每台设备　　　C. 每个工业企业　　　D. 全部工业企业

16. 在问卷设计中，下列问题中，合适的是（　　）。

　　A. 人们认为海尔冰箱的质量不错，您觉得怎样

　　B. 您最近一个月使用哪种品牌的洗发水

　　C. 您觉得这款新轿车的加速性能和制动性能怎样

　　D. 您觉得该产品的新包装不美观吗

17. 为了获取最新经济危机冲击情况，调查人员专门选取浙江、江苏两省，深入当地了解外贸企业受经济危机影响的严重程度，这种调查方式是（　　）。

　　A. 普查　　　　B. 典型调查　　　　C. 抽样调查　　　　D. 重点调查

18. 如果调查对象是全部工业企业，则调查单位是（　　）。

　　A. 每一个工业企业中的每个职工　　　　B. 每一个工业企业的厂长

　　C. 每一个工业企业中的每个车间　　　　D. 每一个工业企业

19. 我国统计调查体系中，作为"主体"的是（　　）。

　　A. 经常性抽样调查　　　　B. 周期性普查

　　C. 必要的统计报表　　　　D. 重点调查

20. 统计调查可以分为统计报表制度和专门调查，划分的根据是（　　）。

　　A. 调查的内容　　　　B. 调查的领导机关

　　C. 调查的组织方式　　　　D. 调查的报告单位

二、多项选择题

1. 对某高校学生进行消费支出调查，下列说法正确的有（　　）。

　　A. 调查对象是每一个高校学生　　　　B. 可以进行非全面调查

　　C. 调查单位是每一个高校学生　　　　D. 调查对象是该校大学生构成的整体

2. 下列关于抽样调查的说法中，正确的有（　　）。

　　A. 抽样调查是一种非全面调查　　　　B. 抽样调查是一种非连续性的调查

　　C. 抽样调查可以消除抽样误差　　　　D. 抽样调查应遵守随机原则

3. 对某市工业企业的设备进行全面调查，则（　　）。

　　A. 调查单位是该市每一家工业企业

　　B. 调查对象是该市每一家工业企业

　　C. 填报单位是该市每一家工业企业

D. 调查单位是该市工业企业的每一台设备

4. 下列现象中,适宜采用非全面调查的有( )。

A. 企业经营管理中出现的新问题　　　B. 某地区居民储蓄存款

C. 某型号日光灯管耐用时间调查　　　D. 某地区森林的木材积蓄量

5. 统计调查工作的基本要求有( )。

A. 准确性　　　B. 完整性　　　C. 及时性　　　D. 相关性

6. 专门调查是为了了解和研究某种情况或问题而专门组织的调查,下列各项中,属于专门调查的有( )。

A. 普查　　　B. 抽样调查　　　C. 重点调查　　　D. 典型调查

7. 通过对开滦、大同、抚顺等几个大型矿务局的调查,了解我国煤炭生产的基本情况,这种调查属于( )。

A. 典型调查　　　B. 重点调查　　　C. 抽样调查　　　D. 非全面调查

8. 某市要调查全市现有养老机构情况,全市每一个养老机构属于( )。

A. 调查对象　　　B. 调查单位　　　C. 总体单位　　　D. 填报单位

9. 我国第七次人口普查的标准时间是 2020 年 11 月 1 日零时,下列情况应统计人口数的有( )。

A. 2020 年 11 月 2 日 1 时出生的婴儿　　　B. 2020 年 10 月 30 日 6 时出生的婴儿

C. 2020 年 10 月 30 日 14 时死亡的人　　　D. 2020 年 11 月 1 日 1 时死亡的人

10. 下列情况中,调查单位和填报单位不一致的有( )。

A. 工业企业生产设备调查　　　B. 人口普查

C. 工业企业现状调查　　　D. 高校学生健康状况调查

三、判断题

1. 统计调查是否准确、及时、完整,影响统计工作质量的高低。　　　　　　( )
2. 某调查问卷的问题:"您对网上购物有什么看法?"属于封闭式问题。　　　( )
3. 当调查项目较多时宜采用一览表;调查项目较少时宜采用单一表。　　　( )
4. 统计报表属于全面调查方式。　　　　　　　　　　　　　　　　　　　( )
5. 调查时间是指调查工作所需的时间。　　　　　　　　　　　　　　　　( )
6. 某群体的受教育程度属于定类数据。　　　　　　　　　　　　　　　　( )
7. 对有限总体只能进行全面调查。　　　　　　　　　　　　　　　　　　( )
8. 对某高校大学生的课堂学习状况进行调查,调查对象是该校的全部大学生。( )
9. 全面调查和非全面调查是根据调查结果所得的资料是否全面来划分的。　( )
10. 在统计调查中,调查对象可以同时又是调查单位,调查单位可以同时又是总体单位。　　　　　　　　　　　　　　　　　　　　　　　　　　　　　　　　( )

11. 一般而言,全面调查的结果更全面、准确,所以得到普遍应用。（   ）
12. 宣传推广企业先进的管理经验,应采用典型调查。（   ）
13. 调查问卷是一种特殊的调查表。（   ）
14. 全面调查包括普查和全面统计报表。（   ）
15. 重点调查中,重点单位是根据人们的主观意识来选取的。（   ）
16. 典型调查中的典型单位必须是水平最高的单位。（   ）
17. 统计资料搜集的核心是如何有效的采集统计数据。（   ）
18. 消费者购买某种产品动机的调查,常用座谈会调查方法。（   ）
19. 在很多情况下,调查问卷是关键的信息收集工具。（   ）
20. 调查人员要尽量提醒引导被调查者回答调查问卷上的问题。（   ）

四、思考题

1. 什么是统计调查？统计调查的要求是什么？
2. 统计调查的组织形式有哪几种？各自定义是什么？
3. 什么是统计调查方案？它包括哪些基本内容？
4. 根据下列错误及相应正错的方式,回答问卷设计当中应当注意的问题：

(1) 你父母支持你去北京工作吗？　×

你父亲支持你去北京工作吗？　√

你母亲支持你去北京工作吗？　√

(2) 根据本市政策,考上社会工作师可以增加工资,你愿意报考社会工作师职业水平考试吗？　×

你愿意报考社会工作师职业水平考试吗？　√

(3) "一个月中,你的回家情况如何？"

A. 不回　　　　B. 偶尔　　　　C. 经常　　　　D. 定期　×

A. 少于1次　　B. 1到2次　　　C. 3到4次　　　D. 超过4次　√

5. 结合实际,自选题目并设计一份统计调查问卷。

第三部分　参考答案

一、单项选择题

1.【答案】　C

【解析】　统计调查的基本任务是通过搜集原始资料和次级资料来获取反映社会经济现象总体全部或部分单位以数字资料为主体的信息。

2. 【答案】 B

【解析】 原始资料指向调查单位搜集的尚待汇总整理的个体资料,这些个体资料需要通过汇总、整理,形成反映总体特征的综合资料。它是统计活动所取得的初级统计资料,是原始的统计信息。次级资料是指已经经过加工整理的资料,能够在一定程度上说明总体现象。

3. 【答案】 D

【解析】 重点调查是指在调查对象中选择一部分重点单位进行调查,以取得统计数据的一种非全面调查。重点调查的关键是确定重点单位,题目中对占全市储蓄额 4/5 的几个银行进行调查,这几个储蓄额很大的银行构成了此次调查的重点单位。

4. 【答案】 C

【解析】 抽样调查又称样本调查,它是从调查对象总体中抽取一部分作为样本,通过对这部分样本的调查结果进行推算、估测、分析来推断总体调查对象的一种调查方法。为了估计某校学生的网上购物情况,最适宜采用抽样调查方法。

5. 【答案】 B

【解析】 选项 A,对全国钢铁生产中的重点单位进行调查属于重点调查。选项 C,到棉花产量是本区 4/5 的某棉花生产地了解棉花收购情况属于重点调查。选项 D,抽选一部分单位对已有的资料进行复查属于抽样调查。

6. 【答案】 B

【解析】 调查对象是指要调查的社会经济现象的总体。对某市全部商业企业职工的生活状况进行调查,调查对象就是该市全部商业企业职工。

7. 【答案】 C

【解析】 重点单位是指在全部总体中虽然只是一部分,但其某一数量标志值在所要研究的数量标志值总量中占有很大的比重。

8. 【答案】 A

【解析】 在对总体现象进行分析的基础上,有意识地选择若干具有代表性的单位进行调查研究,这种调查方法是典型调查。

9. 【答案】 C

【解析】 按统计调查是否连续进行,可以分为经常性调查和一次性调查。凡是需要连续不断进行调查登记的为经常性调查,其目的在于反映总体现象在一段时间内的数量变化。凡是不需要进行连续调查登记的均为一次性调查,其目的在于反映总体现象在某一时点的状态。而普查是为某一特定目的而专门组织的一次性全面调查方式。所以,2020 年 11 月 1 日零点的全国人口普查是一次性调查和全面调查。

10. 【答案】 C

【解析】 确定统计调查方案的首要问题是要明确调查目的。

11. 【答案】 D

【解析】 调查单位是构成社会经济现象总体的个体,即在调查对象中所要调查的具体单位。填报单位是负责向上报告调查内容的单位。选项A,对企业设备调查,调查单位是企业的每一台设备,填报单位是企业。选项B,人口普查,调查单位是每一个人,填报单位是户。选项C,企业职工工资水平调查,调查单位是每一个职工,填报单位是企业。选项D,工业企业现状调查,填报单位和调查单位都是每一个企业。

12. 【答案】 A

【解析】 调查时间是指调查资料所属的时点或时期,即调查资料所反映的社会经济现象客观存在的时间。

13. 【答案】 C

【解析】 调查时间是指调查资料所属的时点或时期,即调查资料所反映的社会经济现象客观存在的时间。调查期限是搜集资料和报送资料整个工作所需的时间。而2022年各地分公司销售业绩统计表完成时间是2022年年末,因此调查时间是1年,调查期限是从2023年1月1日到2023年1月10日这10天的期限。

14. 【答案】 B

【解析】 选项A,答案表述不明确,(2)其他地区表述不清楚。选项C,选项的间隔应该注意合理性,对于长篇小说一周的阅读数量不会太多,所以答案间隔设置为10部不合适。选项D,在提问时要注意一项提问只包含一项内容,如果在一项提问中包含了两项以上的内容,被调查者就很难回答。"你父母支持你去北京工作吗?",该提问既包括父亲又包括母亲,可以改为"你父亲支持你去北京工作吗?"和"你母亲支持你去北京工作吗?"两个提问句。

15. 【答案】 C

【解析】 填报单位是负责向上报告调查内容的单位,对某城市工业企业的设备进行普查,填报单位是每个工业企业,调查单位是每一台设备。

16. 【答案】 B

【解析】 问卷所要调查的资料,由若干个提问的具体项目,即问题构成。调查问卷的问题措辞要准确,具体应注意:提问的内容尽可能简短;一项提问只包含一项内容;避免提笼统、抽象或过于专业化的问题;避免用不确切的词;避免诱导性提问;避免否定形式的提问;避免调查者禁忌和敏感性的问题。选项A,属于诱导性提问。选项C,一项提问包含了两项内容。选项D,使用了否定形式的提问。

17. 【答案】 B

【解析】 典型调查是从全部总体单位中选择一个或几个有代表性的单位进行深入细致调查的一种调查组织方式。选择的典型单位要能够反映研究问题的本质属性或特点。我国江苏和浙江都是经济大省,因此选取这两省可以反映出研究问题的本质属性。

18. 【答案】 D

 【解析】 调查对象是全部工业企业,调查单位就是调查对象的个体,因此调查单位就是每一工业企业。

19. 【答案】 A

 【解析】 各种统计调查方法各有其特点、作用以及适用条件。在实际工作中应尽可能将各种方法结合使用,形成统计调查方法体系。统计调查方法的目标模式为:建立以必要的周期性普查为基础,以经常性的抽样调查为主体,同时辅之以重点调查、科学推断等多种方法综合运用的统计调查方法体系。

20. 【答案】 C

 【解析】 统计调查的分类为:①按调查对象包括的范围不同,分为全面调查和非全面调查;②按登记时间是否连续,分为经常性调查与一次性调查;③按调查的组织方式不同,可分为统计报表制度和专门调查。

二、多项选择题

1. 【答案】 BCD

 【解析】 调查对象是指要调查的社会经济现象总体。对某高校学生进行消费支出调查,调查对象是某高校的全体学生,即该校大学生构成的整体。

2. 【答案】 AD

 【解析】 抽样调查是从调查对象的总体中,抽选出一部分单位作为总体的代表,是一种非全面、连续性的调查。抽样调查要遵循随机原则,抽样误差不能被消除,但是可以控制在允许的范围之内。

3. 【答案】 CD

 【解析】 对某市工业企业的设备进行全面调查,调查对象是某市工业企业的全部设备,调查单位是某市工业企业的每一台设备,填报单位是每一个工业企业。

4. 【答案】 BCD

 【解析】 全面调查是对构成调查对象的所有单位进行逐一的、无一遗漏的调查,包括全面统计报表和普查;非全面调查是对调查对象中一部分单位进行调查。选项BCD涉及的单位多、组织工作量大,耗费大量的人力、财力,适宜采用非全面调查。

5. 【答案】 ABC

 【解析】 统计调查的基本要求有准确性、完整性、及时性。

6. 【答案】 ABCD

 【解析】 专门调查是指为研究某些专门问题,由调查单位专门组织进行的一种调查方式。这种调查灵活多样,适应性强,既可以针对某专项内容进行,又可以补充统计报表的不足,它是我国统计工作中重要的统计调查的组织形式。专门调查主要包括普查、重点调查、抽样调查和典型调查四种。

7. 【答案】 BD

   【解析】 通过对开滦、大同、抚顺等几个大型矿务局的调查,了解我国煤炭生产的基本情况。这是选择一部分重点单位进行调查,以取得统计数据的一种非全面调查。因此本题是重点调查,同时也是非全面调查。

8. 【答案】 BCD

   【解析】 某市要调查全市现有养老机构情况,调查对象是全市现有全部的养老机构,调查单位和填报单位均是全市现有的每一个养老机构。

9. 【答案】 BD

   【解析】 普查的标准时间是指登记调查单位项目所依据的统一时点,所有调查资料必须都是反映在这一时点上的情况。我国第七次人口普查的标准时间是 2020 年 11 月 1 日零点,凡是在这个时点以前死亡和这个时点以后出生的,都不能计入这次普查的人口数内。

10. 【答案】 ABD

    【解析】 选项 A,调查单位是工业企业的每一台生产设备,填报单位是每一个工业企业。选项 B,调查单位是每一个人,填报单位是每一户。选项 C,调查单位和填报单位均是每一个工业企业。选项 D,调查单位是高校的每一个学生,填报单位是每一个高校。

三、判断题

1. 【答案】 √

2. 【答案】 ×

   【解析】 封闭式问题是指对问题事先设计出了各种可能的答案,由被调查者从中选择。开放性问题是指对问题的回答没有给出可供选择的答案,由被调查者自由回答。"您对网上购物有什么看法?"没有设置答案,属于开放式问题。

3. 【答案】 ×

   【解析】 调查表的格式一般有单一表和一览表两种。单一表每份只能登记一个调查单位,它可以容纳较多的调查项目;一览表是在一张表上登记若干调查单位,调查项目不能过多。

4. 【答案】 ×

   【解析】 统计报表类型多样,统计报表按调查范围可分为全面报表和非全面报表。全面统计报表属于全面调查方式,非全面统计报表属于非全面调查方式。

5. 【答案】 ×

   【解析】 调查时间是指调查资料所属的时点或时期,即调查资料所反映的社会经济现象客观存在的时间。调查期限是搜集资料和报送资料整个工作所需的时间。

6. 【答案】 √

7. 【答案】 ×

   【解析】 对无限总体不能进行全面调查,只能调查其中一小部分单位,据以推断总体;对有限总体既可以进行全面调查,也可只调查其中的一部分单位。

8. 【答案】 √

   【解析】 对某高校大学生的课堂学习状况进行调查,调查对象是该校的全部大学生,调查单位是该校的每一个大学生。

9. 【答案】 ×

   【解析】 全面调查和非全面调查是根据调查对象包括的范围来划分的。

10. 【答案】 ×

    【解析】 调查对象是指要调查的社会经济现象总体。而调查单位是构成社会经济现象总体的个体,即在调查对象中所要调查的具体单位。调查对象不能是调查单位。

11. 【答案】 ×

    【解析】 全面调查使用范围较窄,只能调查一些最基本或特定的现象。在实际调查中,运用最多的是抽样调查。

12. 【答案】 √

13. 【答案】 √

    【解析】 调查问卷是一种特殊形式的调查表,其特点是在表中用一系列按照严密逻辑结构组成的问题,向被调查者调查具体事实和个人对某问题的反映、看法。

14. 【答案】 √

    【解析】 统计调查按研究总体的范围,可分为全面调查和非全面调查。全面调查是对构成调查对象的所有单位进行逐一的、无一遗漏的调查,包括全面统计报表和普查;非全面调查是对调查对象中的一部分单位进行调查,包括非全面统计报表、抽样调查、重点调查和典型调查。

15. 【答案】 ×

    【解析】 重点单位是指在全部总体中虽然只是一部分,但其某一数量标志值在所要研究的数量标志值总量中占有很大的比重。因此重点单位不是按照人的主观意识来选取的。

16. 【答案】 ×

    【解析】 典型调查中的典型单位要能够反映研究问题的本质属性或特点,并非水平最高的单位。

17. 【答案】 √

18. 【答案】 ×

    【解析】 座谈会的受访者应是所调查问题的专家或者有经验者,人数不宜太多,通常

6到10人即可。消费者购买产品的动机调查不应该用座谈会调查方法。

19. 【答案】 √
20. 【答案】 ×

【解析】 问卷中提出的问题不能带有倾向性,而应保持中立。词语中不应暗示出调查者的观点,不要引导被调查者做出何种回答或何种选择。

四、思考题

1. 【答案】

统计调查是根据统计研究的目的与要求,运用科学的调查方法,有组织地搜集各项原始资料的过程。

统计调查的基本要求是:

(1) 准确性。准确性就是要求统计调查所取得的资料必须符合实际情况,数据真实可靠。这是对统计调查工作的基本要求。

(2) 及时性。及时性是指统计调查资料必须在规定的时间上报,并尽可能提前完成上报。这样才能最大限度地发挥统计资料的作用。

(3) 完整性。完整性是指统计调查材料必须完整无缺,系统全面。统计资料的全面、完整,对研究对象的全面分析是至关重要的。以全面资料为依据,分析所得结论不偏颇,而且具有科学性。

2. 【答案】

统计调查的组织形式主要有普查、抽样调查、统计报表、重点调查、典型调查。

(1) 普查是为某一特定目的而专门组织的一次性全面调查。

(2) 抽样调查又称样本调查,它是从调查对象总体中抽取一部分作为样本,通过对这部分样本的调查结果进行推算、估测、分析来推断总体调查对象的一种调查方法。从调查对象的总体中,抽选出一部分单位作为总体的代表,被抽选出来的这部分单位就叫样本。抽样即抽取样本的过程,主要分为随机抽样与非随机抽样两类。

(3) 统计报表是按照国家统一规定的表格形式、统一规定的指标内容,统一规定的报送程序和报送时间,自上而下的布置和自下而上的由调查单位逐级提供统计资料的一种定期取得统计资料的一种调查方式。

(4) 重点调查是在调查对象中选一部分重点单位进行调查的一种非全面调查。

(5) 典型调查是一种非全面调查,它是根据调查的目的与要求,在对被调查对象进行全面了解的基础上,有意识地选择若干具有典型意义的或有代表性的单位进行的调查。

3. 【答案】

统计调查方案是为了在调查过程中统一认识、统一内容、统一方法、统一步调,顺利完成调查任务,在调查之前,制定一个周密的调查工作计划,这个计划称为统计调查方案。

统计调查方案的基本内容主要有:确定调查目的;确定调查对象和调查单位;确定调查项目;设计调查表;确定调查时间;确定调查地点;确定工作的组织计划。

4. 【答案】

(1) 一项提问只包含一项内容。

(2) 提问不能带有暗示或诱导。

(3) 选项要精确,便于做定量的统计分析。

5. 略。

第三章 统计整理

第一部分 内容概要

一、统计数据整理的概念、原则和内容

(一)统计数据整理的概念

统计数据整理就是对搜集得到的初始数据进行审核、分组、汇总,使之条理化、系统化,成为能够反映总体特征的综合数据的工作过程。

(二)统计数据整理的原则和内容

统计数据整理必须遵循目的性、联系性和简明性三个原则。统计数据整理的内容或程序一般有五个方面:

第一,根据统计研究的目的和要求,确定应该整理的指标,并根据分析的需要确定具体的分组;第二,对大量的原始数据进行预处理;第三,对各指标进行汇总,计算出各组单位数、总体单位数以及各组或总体的有关标志值之和;第四,将汇总整理的数据编制成统计表;第五,对统计数据进行系统积累。

二、统计分组概述

(一)统计分组的概念及作用

统计分组是指根据统计研究的目的和要求,将总体单位或全部数据按照一定的标志划分成若干类型(组),使组内的差异尽可能小,组间的差别尽可能明显,从而使大量无序的、混沌的数据变为有序的、能够反映总体特征的资料。

统计分组在统计认识过程中的基本作用主要有三方面:①划分现象的不同类型;②反映总体的内部结构;③分析现象之间的依存关系。

统计分组必须遵循穷尽原则和互斥原则。

(二)统计分组的类型

统计分组的类型如表 3-1 所示。

(三)统计分组的方法

统计分组的关键在于分组标志的选择和各组界限的划分,分组标志的选择是统计分组的核心问题。统计分组的方法如表 3-2 所示。

表 3-1　　　　　　　　　　　　统计分组的类型

分类方法	具体概念
按分组标志性质分类	(1) 属性分组：是指按照反映事物属性的品质标志进行的分组
	(2) 变量分组：是指按照数量标志进行的分组
按分组标志个数分类	(1) 简单分组：是指将总体按照一个标志进行的分组
	(2) 复合分组：是指将总体按照两个或两个以上的标志，重叠起来进行的分组
	(3) 分组体系：是指将总体按照两个或两个以上相互联系、相互补充的标志，对被研究对象进行平行分组所形成的体系

表 3-2　　　　　　　　　　　　统计分组的方法

分组方法		特点
按品质标志分组	(1) 简单品质标志分组	分组标志一经确定，组的名称和组数也就随之确定，不存在组与组之间界限区分困难的问题
	(2) 复杂品质标志分组	现象比较复杂，区分困难，一般规定有统一的分类目录
按数量标志分组	(1) 单项式分组	一个变量值一组。一般适用于离散型变量且变量值不多、变动范围较小的情况
	(2) 组距式分组	各组的变量值不是某一具体的点值，而是一个区间。适用于离散型变量且变量值很多、变动范围较大或者连续性变量的情况

在组距式分组中，涉及组限、组距、组数、组中值等分组要素，具体如表 3-3 所示。

表 3-3　　　　　　　　　　　组距式分组的分组要素

分组要素	具体内容
组限	用来表示各组之间界限的变量值，是决定事物质量的数量界限。 下组限(下限)：每一组中最小的变量值 上组限(上限)：每一组中最大的变量值 重合式组限有"上限不在内"原则
组距	是指一组变量值的区间长度，即每一组的上限与下限之间的距离。 重合式组限分组组距的计算公式为：组距＝上限－下限
组数	分组个数。在所研究总体一定的情况下，组数和组距成反比关系
组中值	组距的中点数值，它是各组变量值的代表水平 重合式组限组的组中值 $= \dfrac{\text{上限}+\text{下限}}{2}$ 非重合式组限组的组中值 $= \dfrac{\text{本组下限}+\text{后一组下限}}{2}$ 缺下限组的组中值 $= \text{上限} - \dfrac{\text{邻组组距}}{2} = \text{邻组组中值} - \text{邻组组距}$ 缺上限组的组中值 $= \text{下限} + \dfrac{\text{邻组组距}}{2} = \text{邻组组中值} + \text{邻组组距}$

三、分配数列

（一）分配数列的概念及构成要素

在统计分组的基础上，将总体的所有单位按组归类整理，并按一定的顺序排列，形成总体中各个单位及数值在各组间的分布，称为次数分布或频数分布，又称分配数列或分布数列。

分配数列由两个要素构成：一是分组标志的标志表现；二是总体单位在各组中出现的次数及其各组标志值。

次数有两种表现：一是以绝对数形式表现的次数，即频数，用 f 表示；二是以相对数形式表现的次数，即各组次数占全部次数的比重，称为比率、频率或相对次数。

（二）分配数列的种类

分配数列的种类如表 3-4 所示。

表 3-4　　　　　　　　　　分配数列的种类

类别		具体概念
品质分配数列		简称为品质数列，是指按品质标志分组形成的分配数列，其组别表现为一系列的概念或范畴
变量分配数列	单项式分配数列	以一个变量值为一组编制的变量分配数列
	组距式分配数列	以表示一定变动范围的两个变量值构成的组编制的变量分配数列

（三）累计频数和累计频率

累计频数和累计频率是将变量分布数列中各组频数或频率依次累加而得到的各组累计频数或累计频率。累计的方法有两种：

（1）向上累计，也称较小制累计，即将各组频数或频率由变量值低的组依次向变量值高的组累计，它表明从第一组下限开始到本组上限为止的累计频数或累计频率。

（2）向下累计，也称较大制累计，即将各组频数或频率由变量值高的组依次向变量值低的组累计，它表明从最末一组的上限开始到本组下限为止的累计频数或频率。

（四）分配数列的编制

（1）品质分配数列的编制。具体编制步骤为：①按品质标志对总体作属性分组，划分各组界限；②分组确定后，再汇总各组单位数，并编成统计表，即得品质分配数列。

（2）单项式分配数列的编制。编制步骤为：①将各种变量值按大小顺序排列；②计算各变量值的频数和频率；③将结果以表格的形式表现出来。

（3）组距式分配数列的编制。组距式分配数列编制过程为：①将原始数据按大小顺序排列，并确定最大值、最小值和全距 R；②确定组距数列的类型；③确定组数和组距；④确定组限和组限的表示方法；⑤从最小组起依次排列，并分别计算各组频数和其他有关指标，形成分组统计表。

四、统计图形化描述

(一) 统计表

统计表是由纵横交叉的线条所组成的、用于显示统计数据的表格。统计表由总标题、横标目、纵标目和统计数字四个要素构成。

(二) 统计图

用来表现统计数据的各种几何图形、具体事物的形象、符号等都叫统计图。常用的统计图形如表 3-5 所示。

表 3-5　　　　　　　　　　　　统计图

类型	特点
直方图	用矩形的宽度和高度来表示频数分布的图形;用面积表示频数的多少;各矩形通常是连续排列;主要用于描述定量数据
条形图	用宽度相同的条形的高度或长度来表示数据变动的图形;用条形的长度或高度表示各类别数量的多少;各个矩形分开排列;主要用于描述定性数据
折线图	在直方图的基础上把相邻直方形的顶边中点连接成一条折线,再把折线两端与横轴上直方形两侧延伸的假象组中点相连即可得到折线图
曲线图	用曲线的升降起伏来表示被研究现象的变动情况及其趋势的图形
圆形图	以圆的面积或圆内各扇形的面积来表示数值大小的图形;主要用于描述总体内部结构
环形图	环形图中间有一个"空洞",总体中的每一个部分数据用环中的一段表示;可以显示多个总体内部结构
雷达图	可以研究多个样本之间的相似程度

(三) 频数(次数)分布的主要类型

客观现象的频数(次数)分布主要有钟形分布、U 形分布和 J 形分布三种类型,具体如表 3-6 所示。

表 3-6　　　　　　　　　频数(次数)分布的主要类型

类型		特点
钟形分布		"中间大,两头小",即靠近两端的变量值分配次数较少,中间变量值分配次数较多
U 形分布		"两头大,中间小",即靠近中间的变量值分布次数少,靠近两端的变量值分布次数多
J 形分布	正 J 形分布	次数随变量值增大而增多,形如英文字母"J"
	反 J 形分布	次数随变量值增大而减少,形如反写的英文字母"J"

第二部分 练 习 题

一、单项选择题

1. 统计整理的关键在于（　　）。
   A. 对调查资料进行审核　　　　　　B. 对调查资料进行统计分组
   C. 对调查资料进行汇总　　　　　　D. 编制统计表

2. 在组距分组时，对于连续型变量，相邻两组的组限（　　）。
   A. 必须是重叠的　　　　　　　　　B. 必须是间断的
   C. 可以是重叠的，也可以是间断的　D. 必须取整数

3. 组距式分配数列的全距等于（　　）。
   A. 最大组的上限与最小组的上限之差
   B. 最大组的下限与最小组的下限之差
   C. 最大组的下限与最小组的上限之差
   D. 最大组的上限与最小组的下限之差

4. 统计分组的依据是（　　）。
   A. 标志　　　　B. 指标　　　　C. 标志值　　　　D. 变量值

5. 下列各项中，属于按数量标志分组的是（　　）。
   A. 职工按政治面貌分组　　　　　　B. 职工按工资收入分组
   C. 职工按学历分组　　　　　　　　D. 职工按岗位分组

6. 企业按资产总额分组（　　）。
   A. 只能使用单项式分组
   B. 只能使用组距式分组
   C. 可以单项式分组，也可以用组距式分组
   D. 无法分组

7. 某主管局将下属企业先按轻、重工业分类，再按企业规模分组，这样的分组属于（　　）。
   A. 简单分组　　　B. 复合分组　　　C. 分析分组　　　D. 结构分组

8. 简单分组和复合分组的区别在于（　　）。
   A. 选择的分组标志的性质不同　　　B. 选择的分组标志多少不同
   C. 组数的多少不同　　　　　　　　D. 组距的大小不同答案

9. 有20个工人看管机器台数资料如下：2，5，4，4，3，4，3，4，4，2，2，4，3，4，6，3，5，2，4，3。如对上述资料进行分组，应采用（　　）。

A. 单项式分组 B. 等距分组
C. 异距分组 D. 以上几种分组均可以

10. 英语教师对2020—2021学年第1学期英语考试成绩进行了整理,分组标准为60分以下,60—70分,70—80分,80—90分,90分以上。该分组中,60分以下组的组中值是(　　)。
    A. 65   B. 55   C. 45   D. 30

11. 大批量的连续变量经分组后制作的统计图是(　　)。
    A. 环形图   B. 柱形图   C. 折线图   D. 直方图

12. 某一位学生的统计学考试成绩为70分,在统计分组中,该学生的考试分数应归入(　　)组。
    A. 60—70分   B. 70—80分   C. 80—90分   D. 90分以上

13. 按某一标志分组之后的结果表现为(　　)。
    A. 组内同质性,组间同质性
    B. 组内同质性,组间差异性
    C. 组内差异性,组间同质性
    D. 组内差异性,组间差异性

14. 下列关于分配数列的说法中,正确的是(　　)。
    A. 按数量标志分组形成的数列
    B. 按品质标志分组形成的数列
    C. 按统计指标分组所形成的数列
    D. 按数量标志和品质标志分组所形成的数列

15. 频数分布用来表明(　　)。
    A. 总体单位在各组的分布状况
    B. 各组变量值的构成情况
    C. 各组标志值的分布情况
    D. 各组变量值的变动程度

16. 分配数列各组频率的总和应该是(　　)。
    A. 小于100%   B. 大于100%   C. 等于100%   D. 不等于100%

17. 统计表的主词栏是统计表所要说明的对象,一般排在统计表的(　　)。
    A. 右方   B. 上端中部   C. 左方   D. 下方

18. 对总体按某一个标志进行分组,得到的统计表属于(　　)。
    A. 分组表   B. 复合表   C. 简单表   D. 整理表

19. 用组中值与次数求坐标点连接而成的统计图是(　　)。
    A. 直方图   B. 条形图   C. 曲线图   D. 折线图

20. 下列图形中,最适合描述结构性问题的是(　　)。
    A. 条形图   B. 饼图   C. 雷达图   D. 直方图

二、多项选择题

1. 下列关于组中值的说法中,正确的有(　　)。

A. 上限和下限之间的中点数值

B. 用来代表各组标志值的平均水平

C. 就是组平均数

D. 在开放式分组中,可以参照相邻组的组距来确定

2. 下列各项中,按照品质标志分组的有(　　)。

A. 人口按地区分组　　　　　　　　B. 科技人员按职称分组

C. 人口按民族分组　　　　　　　　D. 企业按经济类型分组

3. 下列各项中,按照数量标志分组的有(　　)。

A. 企业按销售计划完成程度分组　　B. 学生按健康状况分组

C. 工人按产量分组　　　　　　　　D. 职工按工龄分组

4. 下列关于分配数列的说法中,正确的有(　　)。

A. 总次数一定,频数和频率成反比

B. 频率表明各组标志值对总体的相对作用程度

C. 各组频率大于等于0,频率之和等于1

D. 频率越小,则该组的标志值所起的作用越小

5. 表3-7所示的是某地区按生产计划完成程度分组形成的分配数列,关于该数列,下列说法中正确的有(　　)。

表3-7　　　　　　　按生产计划完成程度分组形成的分配数列

按生产计划完成程度分组(%)	企业数(个)
80—90	15
90—100	30
100—110	5
合　　计	50

A. 品质分配数列　　　　　　　　　B. 变量分配数列

C. 组距式分配数列　　　　　　　　D. 等距分配数列

三、判断题

1. "上限不在内"原则,是指当某单位的标志值恰好等于某组上限时,就把该单位归入该组。(　　)

2. 对统计资料进行分组的目的是区分各组单位之间质的不同。(　　)

3. 分配数列的实质是把总体单位总量按照总体所分的组进行分配。(　　)

4. 统计表中如果某个表格处无须填写,应用符号"×"表示。(　　)

5. 连续型变量只能作组距式分组,但其组限可采用重叠组限和不重叠组限两种表示方法。(　　)

6. 对职工的生活水平状况进行研究,应当选择职工工资总额作为分组标志。（   ）

7. 在异距分组情况下,可以用频数比较不同总体的分布状况。（   ）

8. 连续型变量与离散型变量进行分组时,采用的方法完全相同。（   ）

9. 组距是各组变量值的变动范围,连续变量组距的通用公式是"组距＝本组上限－本组下限"。（   ）

10. 按数量标志分组形成的分配数列和按品质标志分组形成的分配数列,都可称为次数分布。（   ）

11. 分配数列中的次数,也称为频数。频数的大小反映了它所对应的标志值在总体中所起的作用程度。（   ）

12. 对资料进行组距式分组,是假定变量值在各组内部的分布是均匀的,所以这种分组会使资料的真实性受到损害。（   ）

13. 两个简单分组并列起来就是复合表。（   ）

14. 分组以后,各组的频数越大,则组的标志值对于全体标志水平所起的作用也越大;而各组的频率越大,则组的标志值对全体标志水平所起的作用越小。（   ）

15. 组中值是根据各组上限和下限计算的平均值,所以它代表了每一组的平均分配次数。（   ）

16. 在等距数列中,组距的大小与组数的多少成反比。（   ）

17. 在确定组限时,最小组的下限应高于最小变量值。（   ）

18. 区分简单分组与复合分组的根据是分组对象的复杂程度。（   ）

四、思考题

1. 简述统计分组的概念及作用。

2. 变量分组的种类有哪两个？各自的应用条件是什么？

3. 什么是分配数列？它包括哪两个要素？

4. 在对某班 50 名同学英语考试成绩进行统计时,有人把考试成绩分为如下 6 组：55 分以下,55—65 分,65—75 分,75—85 分,85—95 分,95 分以上。请回答：

(1) 这种分组是单项式分组还是组距式分组？

(2) 分组应达到的目的是什么？

(3) 分组应遵循的原则是什么？

(4) 你认为该分组存在什么问题？

(5) 请你重新进行合理分组,并写出结果。

五、计算分析题

1. 某单位 20 名职工的有关资料如表 3-8 所示。

表 3-8　　　　　　　　　　　某单位 20 名职工的基本情况

职工序号	性别	年龄	文化程度	技术等级
1	男	57	大学	4
2	男	25	大学	1
3	男	29	研究生	3
4	女	36	高中	3
5	女	46	高中	3
6	男	40	研究生	4
7	男	50	高中	4
8	男	52	大学	1
9	女	47	研究生	3
10	男	37	高中	3
11	男	28	初中	3
12	男	27	研究生	4
13	男	33	大学	4
14	女	36	高中	1
15	女	48	大学	3
16	女	40	大学	3
17	男	53	研究生	3
18	男	37	大学	3
19	女	45	研究生	3
20	男	43	初中	1

要求：

(1) 按文化程度编制品质分配数列。

(2) 按技术等级编制单项式分配数列。

(3) 按年龄编制组距式分配数列。

2. 某班 40 名学生《统计学原理》的考试成绩分别为：99、94、82、77、79、97、78、95、92、93、84、79、65、98、67、59、72、84、85、87、88、76、99、74、60、82、60、89、86、89、81、77、73、65、66、83、63、79、70、56。

要求：按照学习成绩分组，编制分配数列，汇总各组人数及比重，按统计表要求设计。

第三部分 参考答案

一、单项选择题

1. 【答案】 B

    【解析】 统计整理的关键在于统计分组,统计分组的关键在于选择分组标志。

2. 【答案】 C

    【解析】 组限是用来表示各组之间界限的变量值,是决定事物质量的数量界限。如果分组标志是连续型变量,则组限一般用重合式表达,但并不是说不能用间断式。

3. 【答案】 D

    【解析】 全距是最大值与最小值之差,在组距式分组中应该是最大组的上限与最小组的下限之差。

4. 【答案】 A

    【解析】 统计分组是指根据统计研究的目的和要求,将总体单位或全部数据按照一定的标志划分成若干类型(组),所以统计分组的依据是标志。

5. 【答案】 B

    【解析】 数量标志是表示总体单位数量特征的标志,用数字表现。选项ACD都是以文字表现,表示的是总体单位的品质特征。

6. 【答案】 B

    【解析】 对于连续型变量,应进行组距式分组。资产总额属于连续型变量,只能进行组距式分组。

7. 【答案】 B

    【解析】 复合分组是指将总体按照两个或两个以上的标志,重叠起来进行的分组。

8. 【答案】 B

    【解析】 简单分组是指将总体按照一个标志进行的分组。复合分组是指将总体按照两个或两个以上的标志,重叠起来进行的分组。

9. 【答案】 A

    【解析】 单项式分组一般适用于离散型变量,且变量值不多、变动范围较小的情况。20名工人看管机器台数属于离散型变量,且变动范围小,只有2、3、4、5、6五种变量值。

10. 【答案】 B

    【解析】 缺下限组的组中值 $=$ 上限 $-\dfrac{\text{邻组组距}}{2}=60-\dfrac{10}{2}=55$。

11. 【答案】 D

    【解析】 直方图主要用于定量数据,大批量的连续变量分组后应制作直方图。选项A,

环形图主要研究多个总体内部结构。选项B,柱形图也就是竖置的条形图,主要用于描述定性数据。选项C,折线图是在直方图的基础上绘制的。

12. 【答案】 B

    【解析】 相邻两组中,前一组的上限与后一组的下限数值相重叠,这些重叠变量值的归属,一般按"上限不在内"的原则处理。因此,70应该归属于"70—80"组。

13. 【答案】 B

    【解析】 经过统计分组之后,要保证组内同质性,组间差异性。

14. 【答案】 D

    【解析】 在分组的基础上,把所有数据或总体单位按组归并、排列,形成所有数据或总体各单位在各组间的分布,称为次数分配或分配数列。按品质标志分组形成的分配数列称为品质分配数列,按数量标志分组形成的分配数列称为变量分配数列。

15. 【答案】 A

    【解析】 频数也称"次数",对所有数据按某种标志进行分组,统计出各个组内含个体的个数。将各个组别及其对应的频数用坐标轴列示出来就是"频数分布"或"次数分布",所以"频数分布"是用来表明总体单位在各组的分布情况。

16. 【答案】 C

    【解析】 分配数列各组频率的总和应该是等于100%。

17. 【答案】 C

    【解析】 横标目(也称横行标题)是横行内容的名称,代表统计所要说明的对象(总体及其分组),通常也称为主词,一般列在表的左边。

18. 【答案】 A

    【解析】 分组表又称简单分组表,是对总体的统计单位按一个标志进行分组而形成的统计表。

19. 【答案】 D

    【解析】 用组中值与次数求坐标点连接而成的统计图是折线图。

20. 【答案】 B

    【解析】 最适合描述结构性问题的是饼图。

二、多项选择题

1. 【答案】 ABD

   【解析】 组中值即组距的中点数值,它是各组变量值的代表水平。应当指出,在组距式分组中,组距掩盖了分布在组内各单位的实际变量值,因此需要用组中值来代表该组的一般水平,这就是组中值在统计分析中被广泛采用的原因。

2. 【答案】 ABCD

【解析】 科技人员的职称、民族、企业的经济类型、地区都是品质标志。

3. 【答案】 ACD

   【解析】 选项 ACD,销售计划完成程度、产量、职工的工龄都是数量标志。选项 B,学生的健康状况属于品质标志。

4. 【答案】 BCD

   【解析】 选项 A,频率是每组频数与总次数之比,频数与频率应是正比关系。

5. 【答案】 BCD

   【解析】 生产计划完成程度属于数量标志,因此该分配数列属于变量分配数列。该分组是按变量值的一定范围对现象总体所进行的分组,表现为一个区间,形成的分配数列属于组距式分配数列。各组组距相等,均为10,又属于等距分配数列。

三、判断题

1. 【答案】 ×

   【解析】 "上限不在内"原则,是指当某单位的标志值恰好等于某组上限时,就把该单位归入下一组。

2. 【答案】 ×

   【解析】 "统计分组"的目的是把同质总体中的具有不同性质的单位分开,把性质相同的单位合在一起,保持各组内统计资料的一致性和组间资料的差异性。按照品质标志分组是区分质的不同,按数量标志分组一方面是体现量的差异,另一方面也体现质的不同。

3. 【答案】 √

4. 【答案】 ×

   【解析】 表中的统计数字要根据纵横关系对位,无需填写数字的空格,用"—"线表示,不可以出现空白。

5. 【答案】 √

6. 【答案】 ×

   【解析】 对职工的生活水平状况进行研究,应当选择职工平均月收入额作为分组标志。

7. 【答案】 ×

   【解析】 在异距分组情况下,不可以用频数比较不同总体的分布状况。

8. 【答案】 ×

   【解析】 连续型变量只能用组距式分组,离散型变量如果变量值不多,变动范围不大采用单项式分组,否则采用组距式分组。

9. 【答案】 √

【解析】 连续变量组距的通用公式是"组距＝本组上限－本组下限"。

10. 【答案】 √
11. 【答案】 √
12. 【答案】 √
13. 【答案】 ×

【解析】 复合表又称复合分组表,是对总体的统计单位按两个或两个以上的标志进行交叉重叠分组而形成的统计表。

14. 【答案】 ×

【解析】 各组的频率越大,则组的标志值对于全体标志水平所起的作用也越大;而各组的频数越大,则组的标志值对全体标志水平所起的作用也越大。

15. 【答案】 ×

【解析】 组中值即组距的中点数值,它是各组变量值的代表水平。在重合式组限的分组中,它是各组上限与下限的简单平均数;在非重合式组限的分组中,它是本组下限与后一组下限的简单平均数。

16. 【答案】 √
17. 【答案】 ×

【解析】 确定组限时,最小组的下限应小于最小变量值,保证分组包括所有变量值在内。

18. 【答案】 ×

【解析】 简单分组与复杂分组区分的依据是分组标志的个数。

四、思考题

1. 【答案】

统计分组是指根据统计研究的目的和要求,将总体单位或全部数据按照一定的标志划分成若干类型(组),使组内的差异尽可能小,组间的差别尽可能明显,从而使大量无序、混沌的数据变为有序的、能够反映总体特征的资料。

统计分组在统计认识过程中的基本作用主要表现在以下几方面。

(1) 划分现象的不同类型。统计分组的最基本作用,是把复杂社会现象划分为各个性质不同的组成部分,以认识事物质的差别。只有通过科学分组来划分现象的类型,才能正确地了解、研究现象的实质,发挥统计研究的作用。

(2) 反映总体的内部结构。在统计分组的基础上,计算各部分占总体的比重可揭示总体内部结构,表明总体中各部分与整体以及各部分之间存在的数量关系,从而反映事物的构成特征和性质。通过比较总体内部结构的动态变化还可以揭示现象发展变化过程和规律。

(3) 分析现象之间的依存关系。社会经济现象之间存在着广泛的相互依存关系,根据研究目的,按照一定标志对总体进行分组,然后通过观察相关标志的数量变化,揭示相关事物之间的依存关系。

2. 【答案】

变量分组包括单项式分组和组距式分组。单项式分组一般适用于离散型变量且变量值不多、变动范围较小的情况。组距式分组适用于离散型变量且变量值很多、变动范围比较大或者连续型变量的情况。

3. 【答案】

在统计分组的基础上,将总体的所有单位按组归类整理,并按一定的顺序排列,形成总体中各个单位及数值在各组间的分布,称为次数分布或频数分布,又称分配数列或分布数列。

分配数列由两个要素构成:一是分组标志的标志表现;二是总体单位在各组中出现的次数及其各组标志值。

4. 【答案】

(1) 组距分组。

(2) 分组目的:组内性质相近,组间差异更大。

(3) 分组原则:互斥原则,穷尽原则。

(4) 分组存在的问题:相同性质的单位划分到不同组内或违背分组目的。

(5) 60 分以下,60~70 分,70~80 分,80~90 分,90 分以上。

五、计算分析题

1. 【答案】

(1) 按照文化程度编制的品质分配数列如表 3-9 所示。

表 3-9　　　某单位 20 名职工文化程度统计表

文化程度	人数(人)	比重
初中	2	10%
高中	5	25%
大学	7	35%
研究生	6	30%
合计	20	100%

(2) 按照技术等级编制的单项式分配数列如表 3-10 所示。

表 3-10　　　　　　　　　某单位 20 名职工技术等级统计表

技术等级	人数（人）	比重
1	4	20%
3	11	55%
4	5	25%
合计	20	100%

（3）按照年龄编制的组距式分配数列如表 3-11 所示。

表 3-11　　　　　　　　　某单位 20 名职工年龄统计表

年龄	人数（人）	比重
25～35	5	25%
35～45	7	35%
45～55	7	35%
55～65	1	5%
合计	20	100%

2. 【答案】

按照学习成绩分组形成的分配数列如表 3-12 所示。

表 3-12　　　　　　　　　《统计学原理》成绩统计表

分数（分）	人数（人）	比重
60 以下	2	5%
60～70	7	17.5%
70～80	11	27.5%
80～90	12	30%
90～100	8	20%
合计	40	100%

第四章 综合指标

第一部分 内容概要

一、总量指标

（一）总量指标的概念及作用

总量指标是反映某种社会经济现象在一定时间、空间和条件下的总规模、总水平或工作总量的综合指标。

总量指标的作用包括：

（1）总量指标是对社会经济现象最基本的描述。

（2）总量指标是实行社会经济管理的基本依据。

（3）总量指标是计算相对指标和平均指标的基础。

（二）总量指标的分类

总量指标的分类如表 4-1 所示。

表 4-1　　　　　　　　　　　总量指标的分类

分类标志	具体内容
按反映内容分类	总体单位总量：是总体中单位数之和，说明总体本身的规模大小
	总体标志总量：是总体各单位某一数量标志值的总和，说明总体数量特征的总量
按反映时间状态分类	时期指标：是反映社会经济现象在一段时期内发展过程中的总量
	时点指标：是反映社会经济现象在某一时刻（或瞬间）的总量
按计量单位分类	实物指标：是用实物单位计量的总量指标
	价值指标：是用货币单位计量的总量指标
	劳动量指标：是用劳动量单位计量的总量指标

（三）总量指标的计算方法及注意事项

总量指标的计算方法如表 4-2 所示。

表 4-2　　　　　　　　　　　总量指标的计算方法

计算方法	概念
直接计算法	直接计算法是指对研究对象用直接的计数、点数和测量等方法，登记各单位的具体数值加以比较汇总，得到总量指标的一种计算方法

(续表)

计算方法	概念
间接推算法	间接推算法是指采用社会经济现象之间的平衡关系、因果关系、比例关系或利用非全面调查资料推算总量的一种计算方法

在计算和运用总量指标时应注意：

(1) 明确规定每项指标的含义和范围。

(2) 注意现象的同质性。

(3) 正确确定每项指标的计量单位。

二、相对指标

(一) 相对指标的概念及表现形式

相对指标又称"相对数"，是用两个有联系的指标对比所得的比值来反映社会经济现象的数量特征和数量关系的综合指标。

相对指标数值的表现形式包括无名数、复名数。

(二) 相对指标的作用

(1) 相对指标通过数量之间的对比，可以表明事物相关程度、发展程度，它可以弥补总量指标的不足，使人们清楚了解现象的相对水平和普遍程度。

(2) 相对指标把现象的绝对差异抽象化，使原来无法直接对比的指标变得可比。

(3) 相对指标说明总体内在的结构特征，为深入分析事物的性质提供依据。

(三) 相对指标的种类及计算

相对指标可划分为六种，具体如表 4-3 所示。

表 4-3　　　　　　　　　　相对指标的种类及计算

种类	具体概念	计算公式
计划完成程度相对指标	又称计划完成百分数，是将现象在某一段时间内实际完成数与计划规定数相比较，用以表明计划完成情况的相对指标，通常用百分数(%)表示	$计划完成程度相对指标 = \dfrac{实际完成数}{计划任务数} \times 100\%$
结构相对指标	又称结构相对数，是指在总体分组的基础上，以总体的某一部分数值与总体数值相对比求得的比重或比率指标	$结构相对指标 = \dfrac{总体某部分的数值}{总体全部指标数值} \times 100\%$
比例相对指标	又称比例相对数，是指将同一总体中各组成部分之间同类指标数值进行对比，用以反映社会经济现象内部各组成部分之间的相互对比关系	$比例相对指标 = \dfrac{总体某部分的数值}{总体另一部分指标数值} \times 100\%$

(续表)

种类	具体概念	计算公式
比较相对指标	又称比较相对数,是指同类指标在不同空间进行静态对比所形成的相对指标,用以说明某一同类现象在同一时间内不同总体数量对比关系	比较相对指标 = $\dfrac{\text{某一总体指标数值}}{\text{另一总体同类指标数值}} \times 100\%$
强度相对指标	又称强度相对数,是指两个性质不同但有一定联系的总量指标之间比较形成的相对指标,用以表明某一现象在另一现象中发展的强度、密度和普遍程度	强度相对指标 = $\dfrac{\text{某一总量指标数值}}{\text{另一有联系但性质不同的总量指标数值}} \times 100\%$
动态相对指标	又称动态相对数,是指将同一现象在不同时期的两个数值进行动态对比而得出的相对数,用以表明现象在时间上发展变动的程度	动态相对指标 = $\dfrac{\text{报告期指标数值}}{\text{基期指标数值}} \times 100\%$

三、平均指标

(一) 平均指标的含义及特点

平均指标是反映社会经济现象总体各单位某一数量标志在一定时间、地点条件下所到达的一般水平的综合指标,又称统计平均数,简称平均数。

平均指标的特点:抽象化、代表性。

(二) 平均指标的种类及计算

平均指标分为五种,具体如表 4-4 所示。

表 4-4　　　　　　　　　　平均指标的种类及计算

种类	具体概念	计算	
		分类	公式
算术平均数	也称均值,是进行统计分析最常用的平均指标之一,用以反映社会经济现象总体单位某一标志值的一般水平	简单算术平均数	$\bar{x} = \dfrac{x_1 + x_2 + \cdots + x_n}{n} = \dfrac{\sum x}{n}$
		加权算术平均数	$\bar{x} = \dfrac{x_1 f_1 + x_2 f_2 + \cdots + x_n f_n}{f_1 + f_2 + \cdots + f_n} = \dfrac{\sum xf}{\sum f}$
调和平均数	是总体各单位标志值倒数的算术平均数的倒数,又称为倒数平均数	简单调和平均数	$\bar{x}_h = \dfrac{n}{\dfrac{1}{x_1} + \dfrac{1}{x_2} + \cdots + \dfrac{1}{x_n}} = \dfrac{n}{\sum \dfrac{1}{x}}$
		加权调和平均数	$\bar{x}_h = \dfrac{m_1 + m_2 + \cdots + m_n}{\dfrac{m_1}{x_1} + \dfrac{m_2}{x_2} + \cdots + \dfrac{m_n}{x_n}} = \dfrac{\sum m}{\sum \dfrac{m}{x}}$

(续表)

种类	具体概念	计算	
		分类	公式
几何平均数	是 n 个变量值乘积的 n 次方根	简单几何平均数	$\bar{x}_G = \sqrt[n]{x_1 \cdot x_2 \cdot x_3 \cdots x_n} = \sqrt[n]{\pi x_i}$
		加权几何平均数	$\bar{x}_G = \sqrt[f_1+f_2+\cdots+f_n]{x_1^{f_1} \cdot x_2^{f_2} \cdots x_n^{f_n}}$
众数	是指总体中出现次数最多的标志值，它能直观地说明客观现象分配的集中趋势	单项式数列	出现次数最多的标志值就是众数
		组距式数列	$M_0 = x_L + \dfrac{\Delta_1}{\Delta_1+\Delta_2} \cdot d$ $M_0 = x_U - \dfrac{\Delta_2}{\Delta_1+\Delta_2} \cdot d$
中位数	是指将总体各单位的某一数量标志按大小顺序排列，处于中间位置的标志值	未分组	中位数的位置 $= \dfrac{n+1}{2}$
		单项式数列	中位数的位置 $= \dfrac{\sum f}{2}$
		组距式数列	$M_e = L + \dfrac{\dfrac{\sum f}{2} - S_{m-1}}{f_m} \cdot d$ $M_e = U - \dfrac{\dfrac{\sum f}{2} - S_{m+1}}{f_m} \cdot d$

（三）运用平均指标应遵循的原则

（1）平均指标只能用于同质总体。

（2）结合统计分组，用组平均数补充说明总平均数。

（3）利用分配数列补充说明平均数。

四、标志变异指标

（一）标志变异指标的概念及作用

标志变异指标又称为标志变动度，是指反映总体各单位某一数量标志值之间差异程度大小的综合指标，用以说明标志变异指标的离散程度。

标志变异指标的作用：

（1）标志变异指标是衡量平均数代表性的尺度。

（2）标志变异指标可用来反映社会生产和其他社会经济活动过程的均衡性或协调性，以及产品质量的稳定程度。

（3）标志变异指标是进行抽样推断、相关分析等统计分析的依据。

（二）标志变异指标的种类及计算

测量标志变异的主要指标有全距、平均差、标准差和标志变异系数等，具体如表 4-5 所示。

表 4-5　　　　　　　　　标志变异指标的种类及计算

种类	具体概念	计算
全距	又称为极差，是指总体各单位变量值中的最大值与最小值之差，用以说明变量值的变动范围	$R = x_{\max} - x_{\min}$
平均差	是总体各单位的标志值与其算术平均数的离差绝对值的算术平均数	简单平均差：$A.D. = \dfrac{\sum \|x - \bar{x}\|}{n}$ 加权平均差：$A.D. = \dfrac{\sum \|x - \bar{x}\| f}{\sum f}$
方差	是每个样本值与全体样本值的平均数之差的平方值的平均数	简单方差：$\sigma^2 = \dfrac{\sum (x - \bar{x})^2}{n}$ 加权方差：$\sigma^2 = \dfrac{\sum (x - \bar{x})^2 f}{\sum f}$
标准差	是指总体各单位变量值与其算术平均数的离差平方和的算术平均数	简单标准差：$\sigma = \sqrt{\dfrac{\sum (x - \bar{x})^2}{n}}$ 加权标准差：$\sigma = \sqrt{\dfrac{\sum (x - \bar{x})^2 f}{\sum f}}$
标准差系数	是将标准差与相应的平均数对比的结果	$V_\sigma = \dfrac{\sigma}{\bar{x}} \times 100\%$

第二部分　练　习　题

一、单项选择题

1. 总量指标数值大小（　　）。
   A. 随总体范围扩大而增长
   B. 随总体范围扩大而减少
   C. 随总体范围缩小而增加
   D. 与总体范围大小无关

2. 按反映内容的不同，总量指标又可分为（　　）。
   A. 时间指标和时点指标
   B. 总体单位总量和总体标志总量
   C. 时期指标和时间指标
   D. 实物指标与价值指标

3. 总量指标是用（　　）表示的。
   A. 绝对数形式　　　B. 相对数形式　　　C. 平均数形式　　　D. 百分比形式
4. 时期指标与时点指标最根本的区别在于各自反映现象的（　　）。
   A. 指标值是否可以相加　　　　B. 指标值是如何得到的
   C. 时间状况不同　　　　　　　D. 指标值是否与时间长短有关
5. 某公司计划利润比上年提高8%，实际提高11%，则计划完成程度为（　　）。
   A. 2.78%　　　B. 103%　　　C. 102.78%　　　D. 3%
6. 某10位举重运动员体重分别为：50.5千克、51千克、51.5千克、54千克、51千克、52.5千克、51千克、55千克、52.5千克、51千克，据此计算平均数，结果满足（　　）。
   A. 算术平均数＝中位数＝众数　　　　B. 众数＞中位数＞算术平均数
   C. 中位数＞算术平均数＞众数　　　　D. 算术平均数＜中位数＜众数
7. 税收收入占财政收入的比重是（　　）。
   A. 结构相对指标　　B. 比较相对指标　　C. 比例相对指标　　D. 强度相对指标
8. 计算结构相对指标时，总体各部分数值与总体数值对比求得的比重之和（　　）。
   A. 小于100%　　　B. 大于100%　　　C. 等于100%　　　D. 无法判断
9. 某地2019年轻工业增加值为重工业增加值的89.8%，该指标为（　　）。
   A. 动态相对指标　　　　　　　B. 比例相对指标
   C. 比较相对指标　　　　　　　D. 结构相对指标
10. 平均指标反映了（　　）。
    A. 总体分布的集中趋势　　　　B. 总体分布的特征
    C. 总体单位的集中趋势　　　　D. 总体变动趋势
11. 已知5个水果商店苹果的单价和销售额，计算5个商店苹果的平均单价，应该采用（　　）。
    A. 简单算术平均法　　　　　　B. 加权算术平均法
    C. 加权调和平均法　　　　　　D. 几何平均法
12. "……去掉一个最高分，去掉一个最低分，2号选手最终得分为96.75分"说的是（　　）。
    A. 上下限不在内原则　　　　　B. 消除最大变量值的影响
    C. 消除极端值的影响　　　　　D. 简化计算过程
13. 权数对算术平均数的影响作用，实质上取决于（　　）。
    A. 作为权数的各组单位数占总体单位数比重的大小
    B. 各组标志值占总体标志总量比重的大小
    C. 标志值本身的大小
    D. 标志值数量的多少

14. 用组中值代表组内变量值的一般水平有一定的假定性,即( )。
   A. 各组的次数必须相等　　　　　　　B. 变量值在本组内的分布是均匀的
   C. 组中值能取整数　　　　　　　　　D. 各组必须是封闭组

15. 一组数据排序后,处于中间位置上的变量值称为( )。
   A. 众数　　　　B. 中位数　　　　C. 四分位数　　　　D. 均值

16. 若某一数据呈左偏分布,则有( )。
   A. 均值＝中位数＝众数　　　　　　　B. 均值＞中位数＞众数
   C. 均值＜中位数＜众数　　　　　　　D. 无法判断

17. 如果计算我国 2015—2020 年 GDP 的平均增长率,应该采用( )。
   A. 简单算术平均法　　　　　　　　　B. 加权算术平均法
   C. 几何平均法　　　　　　　　　　　D. 调和平均法

18. 某班学生的大学英语平均成绩为 80 分,最高分是 96 分,最低分是 52 分,根据这些信息,可以计算的测度离散程度的指标是( )。
   A. 方差　　　　B. 极差　　　　C. 标准差　　　　D. 平均差

19. 标准差指标数值越小,则反映变量值( )。
   A. 越分散,平均数代表性越低　　　　B. 越集中,平均数代表性越高
   C. 越分散,平均数代表性越高　　　　D. 越集中,平均数代表性越低

20. 对均值不相等的不同总体数据的离散程度进行比较时应使用( )。
   A. 全距　　　　B. 平均差　　　　C. 标准差　　　　D. 变异系数

21. 下列各项中,属于比较相对指标的是( )。
   A. 废品量与产量之比　　　　　　　　B. 国民收入与人口总数之比
   C. 积累与消费之比　　　　　　　　　D. 不同国家的粮食产量之比

22. 各观察值同乘以一个不等于 0 的常数后,( )不变。
   A. 算术平均数　　B. 几何平均数　　C. 中位数　　D. 变异系数

23. 根据样本数据:3、5、12、10、8、22,计算的中位数为( )。
   A. 9　　　　B. 10　　　　C. 12　　　　D. 11

24. 用极差度量离散程度的缺陷是( )。
   A. 基于均值计算离散程度　　　　　　B. 基于绝对值计算,不易使用
   C. 易于计算　　　　　　　　　　　　D. 没有使用所有数据的信息

25. 标准差系数为 0.4,均值为 20,其标准差为( )。
   A. 80　　　　B. 0.02　　　　C. 4　　　　D. 8

26. 下列指标中,属于时点指标的是( )。
   A. 利润总额　　B. 销售总收入　　C. 资产总额　　D. 平均工资

27. 下列总量指标中,属于总体单位总量指标的是( )。

A. 企业工资总额 B. 班级英语总成绩
C. 全市企业总数 D. 全市汽车总销售额

28. 某国某年的钢产量与人口总数之比是（　　）。
A. 比较相对指标　　B. 比例相对指标　　C. 强度相对指标　　D. 平均数

29. 当变量值中有一项为零时，不能计算（　　）。
A. 算数平均数　　B. 中位数　　C. 众数　　D. 调和平均数

30. 在组距数列中，如果每组的组中值都增加10个单位，而各组的次数不变，则均值（　　）。
A. 不变　　B. 增加10个单位　　C. 上升　　D. 无法判断其增减

31. 两组数据的均值不等，但标准差相等，则（　　）。
A. 均值小，差异程度大 B. 均值大，差异程度大
C. 两组数据的差异程度相同 D. 无法判断

32. 下列各项中，属于动态相对指标的是（　　）。
A. 一等品数量与总产品量之比 B. 国民收入与人口总数之比
C. 男生与女生之比 D. 某地不同年份的粮食产量之比

33. （　　）分布的资料，算术平均数等于中位数。
A. 对数分布　　B. 正态　　C. 负偏态　　D. 正偏态

34. 某公司A产品产量计划比上年增长10%，实际增长18%，则产量计划超额完成程度为（　　）。
A. 107.27%　　B. 7.27%　　C. 180%　　D. 80%

35. 在计算增长率的平均数时，通常采用（　　）。
A. 几何平均数 B. 调和平均数
C. 加权算术平均数 D. 简单算术平均数

二、多项选择题

1. 总量指标与相对指标的关系，表现为（　　）。
A. 总量指标是计算相对指标的基础 B. 相对指标能表明总量间的对比关系
C. 相对指标能补充总量指标的不足 D. 相对指标与总量指标应该结合运用

2. 受极端变量值影响的集中趋势的度量指标有（　　）。
A. 众数　　B. 几何平均数　　C. 算数平均数　　D. 调和平均数

3. 影响加权算术平均数大小的因素有（　　）。
A. 变量值　　B. 样本容量　　C. 权数　　D. 分组的组数

4. 数值型数据离散程度的测度指标有（　　）。
A. 变异系数　　B. 极差　　C. 标准差　　D. 方差

5. 相对指标数值的表现形式有（　　）。
   A. 比例数　　　　B. 结构数　　　　C. 无名数　　　　D. 复名数
6. 下列各项中,属于时期指标特点的有（　　）。
   A. 指标数值可以连续计量　　　　B. 指标数值与时间长短无关
   C. 指标数值不能累积　　　　　　D. 指标数值与时间长短有关
7. 下列各项中,属于结构相对指标的有（　　）。
   A. 产值计划完成程度　　　　　　B. 第三产业占国民生产总值的比重
   C. 某班男生占全班人数比　　　　D. 产值资金占用率
8. 下列各项中,属于数值平均数的有（　　）。
   A. 算数平均数　　B. 调和平均数　　C. 几何平均数　　D. 众数
9. 下列指标中,属于强度相对指标的有（　　）。
   A. 人均 GDP　　　　　　　　　B. 职工平均工资
   C. 人口密度　　　　　　　　　　D. 每千人拥有的银行网点数
10. 下列相对指标计算公式中,分子分母不可以互换的有（　　）。
    A. 计划完成程度　B. 结构相对数　　C. 比例相对指标　D. 动态相对指标

三、判断题

1. 总量指标按其说明总体内容不同,分为时期指标和时点指标。（　　）
2. 总量指标数值大小不随总体范围大小而变化,而相对指标和平均指标数值大小随着总体范围的大小而变化。（　　）
3. 总量指标和平均指标反映了现象总体的规模和一般水平,但掩盖了总体各单位的差异情况,因此通过这两个指标不能全面认识总体的特征。（　　）
4. 总体单位总量和总体标志总量是固定不变的,不能互相变换。（　　）
5. 相对指标都是用无名数形式表现出来的。（　　）
6. 两个不同时间或空间条件下的总量指标相减的差数不是总量指标,而是相对指标。（　　）
7. 某企业 8 月末实有生产设备 2 850 台,这是个时期指标。（　　）
8. 只要本期的实际完成数等于或大于计划任务数,就意味着完成或超额完成了计划任务。（　　）
9. 某地区有 10 万人口,80 家超市,平均每家超市要服务 1 250 人,这个指标是结构相对指标。（　　）
10. 动态相对数通常以百分数(%)或倍数表示,也称为增长速度。（　　）
11. 结构相对数只能在分组的基础上计算,且分子和分母不能互换。（　　）
12. 比例相对数的分子分母是可以互换位置的。（　　）

13. 权数对加权算术平均数的影响取决于作为权数的各组单位数的绝对数大小。
（　）

14. 在资料已经分组,形成变量数列的条件下,计算算术平均数或调和平均数时,应采用简单式;反之,采用加权式。（　）

15. 众数是总体中出现频数最多的变量值,因此总体中众数必存在且唯一。（　）

16. 中位数是所有数据中间位置的那个值,因此,代表性最强。（　）

17. 根据组距数列计算的平均数是一个精确值。（　）

18. 标志变异指标的数值大小与平均数代表性大小成反比。（　）

19. 对于两个算术平均数不等的数列,可直接通过标准差来比较其标志变动程度大小。（　）

20. 比较两个总体平均数的代表性,标准差系数越大,说明平均数的代表性越好。（　）

21. 对于同一变量分布,其标准差永远小于平均差。（　）

22. 权数对加权算术平均数的影响取决于总体单位数的多少。（　）

23. 计划完成程度相对指标数值越大,表示计划执行效果越好。（　）

24. 价值指标能将不能直接相加的产品数量过渡到能够相加。（　）

25. 计划完成相对指标只能通过绝对数计算。（　）

26. 计算相对指标必须遵守可比性原则。（　）

27. 在确定众数时必须对数据进行排序。（　）

28. 比例相对指标的计算需要在分组的基础上。（　）

29. 同一资料,一般情况下有：调和平均数≤几何平均数≤算数平均数。（　）

30. 标志变异指标是衡量平均数代表性的依据。（　）

四、思考题

1. 如何区分总体单位总量与总体标志总量？
2. 什么是相对指标？常用的相对指标有哪几种？
3. 什么是标志变异指标？有何作用？
4. 平均数和强度相对数有什么区别？

五、计算分析题

1. 某企业 2021 年某种商品单位成本为 520 元,为了提高产品的市场竞争力,该企业计划 2022 年单位成本要降低 5%,实际单位成本降低了 10%。

要求：

（1）计算该产品单位成本的计划数与实际数。

(2) 计算该计划的计划完成相对数并进行评价。

2. 某厂有甲、乙两个工人班组,每班组有8名工人,每个班组每个工人的月生产量记录如下:

甲班组(件):20、40、60、70、80、100、120、70

乙班组(件):67、68、69、70、71、72、73、70

要求:

(1) 计算甲、乙两组工人平均每人月产量。

(2) 计算标准差,比较甲、乙两组的平均每人月产量的代表性。

3. 已知某企业10月份各车间的生产情况如表4-6所示。

表4-6　　　　　　　　　　10月份各车间的生产情况　　　　　　　　　　单位:台

车间	实际产量	计划产量
第一车间	440	400
第二车间	400	440
第三车间	650	700
合计	1 490	1 540

要求:计算该企业各车间和全厂10月份产量的计划完成相对数。

4. 某企业有甲、乙两个生产车间,甲车间平均每天工人日加工零件数65件,日加工零件数的标准差为11件;乙车间工人日加工零件数的资料如表4-7所示。

表4-7　　　　　　　　　　乙车间工人日加工零件数

日加工零件数(件)	工人数(人)
60以下	5
60~70	9
70~80	12
80~90	14
90~100	10
合计	50

要求:

(1) 计算并评价哪个车间的日平均产量更高。

(2) 计算并评价哪个车间的日产量更稳定。

5. 某百货公司下属有甲、乙、丙三家商店,已知这三家商店2021年和2022年的销售情况如表4-8所示。

表 4-8　　　　　　　　　　　百货公司所属商店销售情况

商店名称	2022年 计划 销售额(万元)	2022年 计划 比重(%)	实际销售额(万元)	完成计划情况(%)	2021年实际销售额(万元)	2022年占2021年的比重(%)
甲	4 000	(3)	4 800	(9)	3 000	(12)
乙	2 500	(4)	(7)	110	2 000	(13)
丙	(1)	(5)	5 000	80	4 000	(14)
合计	(2)	(6)	(8)	(10)	(11)	(15)

要求：根据资料，填写表中(1)—(15)的数值。

6. 为了了解甲、乙两厂生产的同种电子元件的耐用性，随机从甲乙两厂抽取该种元器件进行耐用性测试，测试结果如表 4-9 所示。

表 4-9　　　　　　　　　　　电子元件的耐用性测试结果

| 耐用时间(百小时) | 抽查元件数量(万只) | |
	甲厂	乙厂
10 以下	2	3
10~12	28	8
12~14	13	25
14 以上	7	14
合计	50	50

要求：

(1) 计算并比较哪个厂电子元件平均耐用时间更长。

(2) 计算并比较哪个厂电子元件耐用时间稳定性更高。

7. 甲乙两班同时对《统计学原理》课程进行测试，甲班平均成绩为 81 分，标准差为 9.50 分；乙班的成绩分组资料如表 4-10 所示。

表 4-10　　　　　　　　　　　乙班的成绩分组表

按成绩分组(分)	学生人数(人)
60 以下	4
60~70	10
70~80	25
80~90	14
90~100	2
合计	55

要求：
(1) 计算乙班的平均成绩和标准差。
(2) 比较甲、乙两班哪个班的平均成绩更有代表性。

第三部分 参 考 答 案

一、单项选择题

1. 【答案】 A

   【解析】 总量指标是反映某种社会经济现象总规模、总水平或工作总量的综合指标,一般通过汇总计算得出,随着总体范围的扩大,指标值也会增加。

2. 【答案】 B

   【解析】 总量指标按反映内容分为总体单位总量和总体标志总量。

3. 【答案】 A

   【解析】 总量指标是反映某种社会经济现象总规模、总水平或工作总量的综合指标,一般是以绝对数的形式表示。

4. 【答案】 C

   【解析】 按反映的时间状态分为时期指标和时点指标,时期指标是反映社会经济现象在一段时期内发展过程中的总量,时点指标是反映社会经济现象在某一时刻(或瞬间)的总量。

5. 【答案】 C

   【解析】 计划完成程度相对数=实际完成数÷计划任务数×100%=(1+11%)÷(1+8%)×100%=102.78%。

6. 【答案】 D

   【解析】 算数平均数为52,中位数为51.25,众数为51。

7. 【答案】 A

   【解析】 税收收入属于财政收入的一部分,因此税收收入占财政收入的比重属于结构相对指标。

8. 【答案】 C

   【解析】 结构相对数中总体各部分比重之和等于1。

9. 【答案】 B

   【解析】 轻工业和重工业属于两个不同的总体,轻工业增加值与重工业的比值反映的是社会经济现象内部各组成部分之间的相互对比关系,属于比例相对指标。

10. 【答案】 A

【解析】 平均指标是总体分布的特征值之一,反映总体分布的集中趋势。

11. 【答案】 C

【解析】 要计算5个商店苹果的平均价格,需要知道这五个商店的总销售额和总销售量,总销售额可以通过求和的方式求得,总销售量则需要通过销售额除以销售单价的方式求得,即平均单价的求法满足 $\bar{x}_h = \dfrac{m_1+m_2+\cdots+m_n}{\dfrac{m_1}{x_1}+\dfrac{m_2}{x_2}+\cdots+\dfrac{m_n}{x_n}} = \dfrac{\sum m}{\sum \dfrac{m}{x}}$ 的形式,用到的是加权调和平均法。

12. 【答案】 C

【解析】 "最高分"和"最低分"是标志值中的极端值,"去掉一个最高分,去掉一个最低分"为的是消除指标值中极端值的影响。

13. 【答案】 A

【解析】 加权算术平均数 $\bar{x}=\sum x\cdot\dfrac{f}{\sum f}$ 的公式中,$\dfrac{f}{\sum f}$ 表示各组单位数占总体单位数的比重,即该组的权数。

14. 【答案】 B

【解析】 依据组距式分组数据计算平均数时,因为无法获得准确的原始数据资料,需要用组中值代表组内变量值的一般水平,该做法是基于变量值是在本组均匀分布假设前提下的。

15. 【答案】 B

【解析】 中位数是指将总体各单位的某一数量标志按大小顺序排列,处于中间位置的标志值。

16. 【答案】 C

【解析】 当数据呈左偏分布时,均值<中位数<众数。

17. 【答案】 C

【解析】 几何平均数是n个变量值乘积的n次方根,每一年GDP增长率的计算都是基于前一年GDP的数值进行的,因此2015—2020年GDP的增长率是呈环比形式增长,求平均增长率需要用几何平均的方法。

18. 【答案】 B

【解析】 极差又称为全距,是指总体各单位变量值中的最大值与最小值之差。已知大学英语的最高分与最低分,可以求得极差。

19. 【答案】 B

【解析】 标准差系数指标数值越小,表明平均数的代表性越高,变量值越集中。

20. 【答案】 D

【解析】 对均值不相等的不同总体数据的离散程度进行比较时应使用变异系数。

21. 【答案】 D

    【解析】 比较相对指标又称比较相对数,是指同类指标在不同空间进行静态对比所形成的相对指标,用以说明某一同类现象在同一时间内不同总体数量的对比关系。不同国家的粮食产量之比属于不同空间的对比,属于比较相对指标。

22. 【答案】 C

    【解析】 各观察值成一个不等于0的常数后,各观察值的大小顺序不变,因此中位数不变。

23. 【答案】 A

    【解析】 数据进行排序后,处于中间位置的变量有8和10两个,此时中位数应取这两者的平均数,即中位数为9。

24. 【答案】 D

    【解析】 极差又称为全距,是指总体各单位变量值中的最大值与最小值之差。在计算极差时仅用到该组数列中的最大值和最小值,无法使用所有的数值。

25. 【答案】 D

    【解析】 标准差系数=标准差/均值,所以标准差为8。

26. 【答案】 C

    【解析】 总量指标按反映时间状态不同分为时期指标和时点指标。时期指标是反映社会经济现象在一段时期内发展过程中的总量;时点指标是反映社会经济现象在某一时刻(或瞬间)的总量。选项AB属于时期指标;选项D是平均指标。

27. 【答案】 C

    【解析】 总量指标按反映内容分为总体单位总量和总体标志总量。总体单位总量是总体中单位数之和,说明总体本身的规模大小;总体标志总量是总体各单位某一数量标志值的总和,说明总体数量特征的总量。选项ABD属于总体标志总量。

28. 【答案】 C

    【解析】 某国某年的钢产量并非由该国人口总数生产的,因此某国某年的钢产量与该国人口总数之间不存一一对应关系,所以该比率属于强度相对数。

29. 【答案】 D

    【解析】 调和平均数是总体各单位标志值倒数的算术平均数的倒数,又称为倒数平均数。零没有倒数,因此当变量值中有一项为零时,无法计算调和平均数。

30. 【答案】 B

    【解析】 在组距数列中,如果每组的组中值都增加10个单位,而各组的次数不变,则均值也增加10个单位。

31. 【答案】 A

    【解析】 两组数据均值不等,因此无法用标准差来比较差异程度,需要用标准差系数。标准差系数＝标准差/均值,标准差相等的两组数据,均值小的标准差系数大,差异程度也更大。

32. 【答案】 D

【解析】 动态相对指标又称动态相对数,是指将同一现象在不同时期的两个数值进行动态对比而得出的相对数,用以表明现象在时间上发展变动的程度。某地不同年份的粮食产量之比属于动态相对指标。

33. 【答案】 B

【解析】 正态分布的数据资料,均值＝中位数＝众数。

34. 【答案】 B

【解析】 计划完成程度相对指标＝实际完成数÷计划任务数×100%＝(1+18%)÷(1+10%)×100%＝107.27%,则计划超额完成程度为7.27%。

35. 【答案】 A

【解析】 在计算增长率的平均数时,通常采用几何平均数。

二、多项选择题

1. 【答案】 ABCD

2. 【答案】 BCD

【解析】 几何平均数、算数平均数和调和平均数在计算时需要考虑全部的变量值,因此极端变量值对他们都有一定的影响,但是众数是总体中出现次数最多的标志值,该标志值不一定就是极端值,因此众数不受极端变量值的影响。

3. 【答案】 AC

【解析】 加权算术平均数的计算公式为 $\bar{x}=\sum x \cdot \dfrac{f}{\sum f}$,影响加强算数平均数计算的因素有变量值 x 和权数 $\dfrac{f}{\sum f}$。

4. 【答案】 ABCD

【解析】 测量标志变异的主要指标有全距、平均差、方差、标准差和标志变异系数。

5. 【答案】 CD

【解析】 相对指标数值有两种表现形式:无名数和复名数。

6. 【答案】 AD

【解析】 时期指标的特点为:①指标数值可以连续计量,其累计数表明现象在该时期的总成果。②指标数值与时期长短成正比。

7. 【答案】 BC

【解析】 结构相对指标又称结构相对数,是指在总体分组的基础上,以总体的某一部分数值与总体数值相对比求得的比重或比率指标。选项B和选项C属于结构相对指标。

8. 【答案】 ABC

   【解析】 算术平均数、调和平均数、几何平均数是根据总体各单位的标志值计算得到的,所以称为数值平均数。众数和中位数是根据标志值在分配数列中的位置确定的,所以称为位置平均数。

9. 【答案】 ACD

   【解析】 强度相对指标又称强度相对数,是指两个性质不同但有一定联系的总量指标之间的比较形成的相对指标,用以表明某一现象在另一现象中发展的强度、密度和普遍程度。选项B属于平均指标。

10. 【答案】 ABD

    【解析】 计划完成相对指标是指现象在某一段时间内实际完成数与计划规定数相比较,用以表明计划完成情况的相对指标,分子分母不能互换。结构相对指标是指在总体分组的基础上,以总体的某一部分数值与总体数值相对比求得的比重或比率指标,分子分母不能互换。比例相对指标是指将同一总体中各组成部分之间同类指标数值进行对比,用以反映社会经济现象内部各组成部分之间的相互对比关系,分子分母可以互换。动态相对指标是指将同一现象在不同时期的两个数值进行动态对比而得出的相对数,用以表明现象在时间上发展变动的程度,在计算动态相对指标时需要选择比较的基期,因此分子分母不能互换。

三、判断题

1. 【答案】 ×

   【解析】 总量指标按反映内容分为总体单位总量和总体标志总量。

2. 【答案】 ×

   【解析】 总量指标数值大小随总体范围大小而变化,而相对指标和平均指标数值大小不随总体范围的大小而变化。

3. 【答案】 √

   【解析】 总量指标和平均指标反映了现象总体的规模和一般水平,但掩盖了总体各单位的差异情况。想全面认识总体的特征还需借助相对指标和变异指标。

4. 【答案】 √

   【解析】 总体单位总量是总体中单位数之和,说明总体本身的规模大小。总体标志总量是总体各单位某一数量标志值的总和,说明总体数量特征的总量。

5. 【答案】 ×

   【解析】 相对指标数值有两种表现形式:无名数和复名数。

6. 【答案】 ×

   【解析】 两个不同时间或空间条件下的总量指标相减的差数仍是总量指标。

7. 【答案】 ×

【解析】 某企业8月末实有生产设备2 850台,这是个时点指标。

8. 【答案】 ×

【解析】 计划完成相对数的计算结果,如果大于100%,对于提高率而言,为超额完成计划;对于降低率而言,则没有完成计划。如果小于100%,对于提高率而言,为没有完成计划;对于降低率而言,则为超额完成计划。

9. 【答案】 ×

【解析】 某地区有10万人口,80家超市,平均每家超市要服务1 250人,这个指标是强度相对指标。

10. 【答案】 ×

【解析】 动态相对数通常以百分数(%)或倍数表示,也称为发展速度。

11. 【答案】 √

【解析】 结构相对指标又称结构相对数,是指在总体分组的基础上,以总体的某一部分数值与总体数值相对比求得的比重或比率指标。用以反映总体内部构成状况,一般以百分数表示,且分子和分母不能互换。

12. 【答案】 √

【解析】 比例相对指标又称比例相对数,是指将同一总体中各组成部分之间同类指标数值进行对比,用以反映社会经济现象内部各组成部分之间的相互对比关系,分子分母是可以互换位置的。

13. 【答案】 ×

【解析】 权数对加权算术平均数的影响取决于作为权数的各组单位数的绝对数与总体单位数比值的大小。

14. 【答案】 ×

【解析】 在资料已经分组,形成变量数列的条件下,计算算术平均数或调和平均数时,应采用加权式;反之,采用简单式。

15. 【答案】 ×

【解析】 众数是总体中出现频数最多的变量值,但在总体中出现次数最多的变量值有时不止一个。

16. 【答案】 ×

【解析】 中位数是所有数据中间位置的那个值,但代表性不一定最强。

17. 【答案】 ×

【解析】 因为组距式数列无法还原原始数据,因此根据组距数列计算的平均数是一个估计值。

18. 【答案】 √

【解析】 标志变异指标数值越大表示平均数的代表性越小,标志变异指标数值越小表示平均数的代表性越大,因此标志变异指标的数值大小与平均数代表性大小成反比。

19. 【答案】 ×

　　【解析】 对于两个算术平均数不等的数列,不可直接通过标准差来比较其标志变动程度大小,需要通过变异系数来比较。

20. 【答案】 ×

　　【解析】 比较两个总体平均数的代表性,标准差系数越小,说明平均数的代表性越好。

21. 【答案】 ×

　　【解析】 对于同一变量分布,其标准差并不一定永远小于平均差。

22. 【答案】 ×

　　【解析】 权数对加权算术平均数的影响取决于频数占总体单位数的比例。

23. 【答案】 ×

　　【解析】 对于计划数为相对数形式的情况下,计划完成程度相对指标的计算结果视指标性质而定。如果大于100%,对于提高率而言,为超额完成计划,指标值越大,执行效果越好;对于降低率而言,则没有完成计划,指标值越大,执行效果越差。如果小于100%,对于提高率而言,为没有完成计划,指标值越小,执行效果越差;对于降低率而言,则为超额完成计划,指标值越小,执行效果越好。

24. 【答案】 √

　　【解析】 价值指标能将不能直接相加的产品数量过渡到能够相加。

25. 【答案】 ×

　　【解析】 计划完成相对指标可以通过绝对数或相对数计算。

26. 【答案】 √

　　【解析】 计算相对指标必须遵守可比性原则。

27. 【答案】 ×

　　【解析】 在确定众数时无须对数据进行排序,在确定中位数时必须对数据进行排序。

28. 【答案】 √

29. 【答案】 √

　　【解析】 同一资料,一般情况下有:调和平均数≤几何平均数≤算数平均数。

30. 【答案】 √

　　【解析】 标志变异指标是衡量平均数代表性的依据。

四、思考题

1. 【答案】

　　总体单位总量指总体内所有单位的总数,它说明总体本身规模的大小。总体标志总量即总体中各单位标志值总和,它表明总体某一方面的数量特征。

2.【答案】

　　相对指标是质量指标的一种表现形式。它是通过两个有联系的统计指标对比而得到的,其具体数值表现为相对数,一般表现为无名数,也有用有名数表示的。常用的相对指标有计划完成程度相对指标、结构相对指标、比较相对指标、比例相对指标、强度相对指标、动态相对指标。

3.【答案】

　　标志变异指标又称为标志变动度,是反映总体各单位标志值之间差异程度大小的综合指标。标志变异指标说明的是变量的离中趋势。测量标志变异的主要指标有极差、平均差、方差、标准差和标志变动系数等。

　　作用:衡量平均数代表性的大小;反映社会经济活动过程的均衡性;表明生产过程中的节奏性;说明变量的离中趋势;测定集中趋势指标的代表性。

4.【答案】

　　强度相对数是两个有联系但没有依存关系的不同总体的总量指标对比的结果。

　　平均数是同质总体的标志总量和总体单位数的比率关系,总体标志总量必须是总体各单位标志值的总和,标志值和单位之间存在一一对应关系。

　　例如,全国人均粮食消费量是平均数,因为每个人都消费粮食;全国人均粮食产量是强度相对数,因为粮食产量并不是每个人都具有的标志,并不是每个人都生产粮食。

五、计算分析题

1.【答案】

(1) 该产品单位成本的计划数 $=520\times(1-5\%)=494$(元)

　　该产品单位成本的实际数 $=520\times(1-10\%)=468$(元)

(2) 计划完成相对数 $=(1-10\%)\div(1-5\%)\times100\%=94.74\%$

　　计算结果小于100%,对于降低率来说,为超额完成计划。

2.【答案】

(1) 甲组工人平均每人月产量 $\bar{x}_\text{甲}=\dfrac{\sum x}{n}=\dfrac{560}{8}=70$(件)

　　乙组工人平均每人月产量 $\bar{x}_\text{乙}=\dfrac{\sum x}{n}=\dfrac{560}{8}=70$(件)

(2) $\sigma_\text{甲}=\sqrt{\dfrac{\sum(x-\bar{x})^2}{n}}=29.58$　　　$\sigma_\text{乙}=\sqrt{\dfrac{\sum(x-\bar{x})^2}{n}}=1.87$

　　甲乙两组工人的平均月产量相等,且 $\sigma_\text{乙}<\sigma_\text{甲}$,所以乙组工人的平均月产量的代表

性更强。

3. 【答案】

第一车间产量的计划完成相对数 $=440\div400\times100\%=110\%$

第二车间产量的计划完成相对数 $=400\div440\times100\%=90.91\%$

第三车间产量的计划完成相对数 $=650\div700\times100\%=92.86\%$

全厂产量的计划完成相对数 $=1\,490\div1\,540\times100\%=96.75\%$

4. 【答案】

(1) 乙车间日平均加工零件数 $\bar{x}_乙=\dfrac{\sum xf}{\sum f}=\dfrac{3\,900}{50}=78$(件)

因为 $\bar{x}_乙>\bar{x}_甲$,乙车间日平均加工零件数更高。

(2) 乙车间日加工零件数标准差 $\sigma_乙=\sqrt{\dfrac{\sum(x-\bar{x})^2 f}{\sum f}}=12.53$(件)

$$V_{\sigma甲}=\dfrac{\sigma_甲}{\bar{x}_甲}\times100\%=\dfrac{11}{65}\times100\%=16.92\%$$

$$V_{\sigma乙}=\dfrac{\sigma_乙}{\bar{x}_乙}\times100\%=\dfrac{12.53}{78}\times100\%=16.06\%$$

因为 $V_{\sigma甲}>V_{\sigma乙}$,所以乙车间的日加工零件数产量更稳定。

5. 【答案】

计算结果如表 4-11 所示。

表 4-11　　　　　　　　　　计算结果

商店名称	2022年 计划		2022年 实际销售额（万元）	2022年 完成计划情况(%)	2021年实际销售额（万元）	2022年占2021年的比重(%)
	销售额（万元）	比重(%)				
甲	4 000	31.37	4 800	120	3 000	160.00
乙	2 500	19.61	2 750	110	2 000	137.50
丙	6 250	49.02	5 000	80	4 000	125.00
合计	12 750	100.00	12 550	98.43	9 000	139.44

6. 【答案】

(1) 甲厂电子元件平均耐用时长 $\bar{x}_甲=\dfrac{\sum xf}{\sum f}=\dfrac{600}{50}=12$(小时)

乙厂电子元件平均耐用时长 $\bar{x}_乙=\dfrac{\sum xf}{\sum f}=\dfrac{650}{50}=13$(小时)

因为 $\bar{x}_乙 > \bar{x}_甲$，所以乙厂电子元件平均耐用时间更长。

(2) 甲厂电子元件耐用时间标准差 $\sigma_甲 = \sqrt{\dfrac{\sum(x-\bar{x})^2 f}{\sum f}} = \sqrt{\dfrac{122}{50}} = 1.56$（小时）

乙厂电子元件耐用时间标准差 $\sigma_乙 = \sqrt{\dfrac{\sum(x-\bar{x})^2 f}{\sum f}} = \sqrt{\dfrac{136}{50}} = 1.65$（小时）

$V_{\sigma 甲} = \dfrac{\sigma_甲}{\bar{x}_甲} \times 100\% = \dfrac{1.56}{12} \times 100\% = 13\%$

$V_{\sigma 乙} = \dfrac{\sigma_乙}{\bar{x}_乙} \times 100\% = \dfrac{1.65}{13} \times 100\% = 12.69\%$

因为 $V_{\sigma 甲} > V_{\sigma 乙}$，所以乙厂电子元件耐用时间稳定性更高。

7.【答案】

计算结果如表 4-12 所示。

表 4-12　　　　　　　　　　　计算结果

按成绩分组（分）	组中值 x	人数 f	xf	$x-\bar{x}$	$(x-\bar{x})^2 f$
60 以下	55	4	220	−20	1 600
60～70	65	10	650	−10	1 000
70～80	75	25	1 875	0	0
80～90	85	14	1 190	10	1 400
90～100	95	2	190	20	800
合计	—	55	4 125	—	4 800

(1) 乙班的平均成绩 $\bar{x}_乙 = \dfrac{\sum xf}{\sum f} = \dfrac{4\,125}{55} = 75$（分）

乙班的标准差 $\sigma_乙 = \sqrt{\dfrac{\sum(x-\bar{x})^2 f}{\sum f}} = \sqrt{\dfrac{4\,800}{55}} = 9.34$（分）

(2) 甲班的平均成绩 $\bar{x}_甲 = 81$（分）

甲班的标准差 $\sigma_甲 = 9.50$（分）

$V_{\sigma 甲} = \dfrac{\sigma_甲}{\bar{x}_甲} \times 100\% = \dfrac{9.50}{81} \times 100\% = 11.73\%$

$V_{\sigma 乙} = \dfrac{\sigma_乙}{\bar{x}_乙} \times 100\% = \dfrac{9.34}{75} \times 100\% = 12.45\%$

因为 $V_{\sigma 甲} < V_{\sigma 乙}$，所以甲班的平均成绩更有代表性。

第五章　抽样与参数估计

第一部分　内容概要

一、抽样推断

(一)抽样推断概述

抽样推断一般是建立在概率抽样的基础上,利用样本的实际资料计算样本统计量并据以推算总体相应数量特征的一种统计方法。

抽样推断主要有以下四个特点。

(1)抽样推断是由部分推断全体的一种认识方法。

(2)抽样推断坚持随机抽样的原则。

(3)抽样推断是运用概率估计的方法。

(4)抽样误差可以事先计算并加以控制。

科学的估计和推断要具备以下三个条件:①要有合适的统计量作为估计量;②要有合理的允许误差范围;③要有一个可接受的置信水平。

抽样推断的两大核心内容是参数估计和假设检验。参数估计是依据所获得的样本资料对所要研究的总体参数,进行合乎数理逻辑的推断,主要包括确定估计值;求估计值和被估计值参数之间的误差范围;计算在一定误差范围内所做推断的可靠程度等。假设检验是指先对总体的状况作某种假设,然后再依据抽样推断的原理,根据样本资料对所做假设进行检验,来判断这种假设的真伪,以决定我们的行动。

(二)抽样推断的相关概念

抽样推断的相关概念如表 5-1 所示。

表 5-1　　　　　　　　　抽样推断的相关概念

相关概念	具体内容
总体与样本	总体:又称母本,是具有某种特定性质的许多个别事物组成的整体,即所要调查研究的事物或现象的全体。总体单位数通常用 N 表示
	样本:又称样本总体,是从总体中按照随机原则抽取的部分单位所组成的集合体
总体参数与样本统计量	总体参数:又称总体指标,是反映总体数量特征的综合指标。在统计调查中,总体参数主要有:总体平均数 μ,总体方差 σ^2,总体标准差 σ,总体比例 π

(续表)

相关概念	具体内容
总体参数与样本统计量	样本统计量：又称样本指标，是根据样本各单位的标志值或标志特征计算的、反映样本数量特征的综合指标。样本统计量主要有：样本平均数 $\bar{x}$，样本方差 s^2，样本标准差 s，样本比例 p
样本容量与样本个数	样本容量：是指一个样本所包含的单位数，用 n 来表示
	样本个数：又称样本可能数目，是指在一个抽样方案中总体中所有可能被抽取的样本总数
重复抽样与非重复抽样	重复抽样：是从总体中随机抽选一个单位，经观察后放回总体，再从全部总体单位中抽选
	非重复抽样：指已经抽选出来的单位不再放回去，而从剩下的总体单位中抽选下一个单位

（三）抽样的组织形式

概率抽样按其组织方式不同，主要分为四种不同的组织形式，具体如表 5-2 所示。

表 5-2　　　　　　　　　　抽样的组织形式

类别	具体概念	特点	应用
简单随机抽样	也叫纯随机抽样，是指从总体中不加任何分组、划类、排队等，完全随机地抽取调查单位。主要有抽签法和随机数表法	每个样本单位被抽中的概率相等，样本的每个单位完全独立	一般在总体单位之间差异程度较小和数目较少时采用
等距抽样	也叫机械抽样或系统抽样，是指将总体各单位按一定标志或次序排列成为图形或一览表式，然后按相等的距离或间隔抽取样本单位	抽出的单位在总体中是均匀分布的，且抽取的样本可少于纯随机抽样	在实际工作中应用较多
类型抽样	也叫分层抽样，是指将总体单位按其属性特征分成若干类型或层，然后在类型或层中随机抽取样本单位	通过划类分层，增大了各类型中单位间的共同性，容易抽出具有代表性的调查样本	适用于总体情况复杂，各单位之间差异较大，单位较多的情况
整群抽样	是指从总体中成群成组地抽取调查单位，而不是一个一个地抽取调查样本	调查单位比较集中，调查工作的组织和进行比较方便；但调查单位在总体中的分布不均匀，准确性要差些	在群间差异性不大或者不适宜单个地抽选调查样本的情况下，可采用这种方式

二、几种常见的分布

（一）正态分布

在连续型随机变量中，最重要的一种随机变量是具有钟形概率分布的随机变量，即正态随机变量，相应的概率分布称为正态分布，记作 $X \sim N(\mu, \sigma^2)$。

正态分布密度函数的图形特点如下：

(1) $f(x) \geqslant 0$，即整个概率密度曲线都在 x 轴的上方。

(2) 密度曲线是一个单峰钟形曲线，相对于 $x = \mu$ 对称。

(3) 曲线在 $x=\mu$ 处达到最大值，$f(\mu)=\dfrac{1}{\sqrt{2\pi}\sigma}$。

(4) μ 决定了图形的中心位置，σ 决定了图形中曲线的陡峭程度。

(5) 当 x 趋于无穷时，曲线以 x 轴为其渐近线。

当正态分布的参数 $\mu=0$，$\sigma=1$，即 $X\sim N(0,1)$ 时，则称 X 服从标准正态分布。

(二) 由正态分布导出的其他分布

在正态总体条件下，主要有 χ^2 分布，t 分布，F 分布，常称为统计三大分布。

三、抽样分布

(一) 抽样分布的概念

抽样分布是指样本统计量的概率分布，即在重复选取容量为 n 的样本时，由样本统计量的所有可能取值形成的相对频数分布。

描述抽样分布的两个重要定律是大数定律和中心极限定理。

(1) 大数定律说明，当样本容量充分大的时候，抽样的均值依概率收敛于总体的均值，与总体的分布无关，也就是说，样本的均值具有稳定性。

(2) 中心极限定理说明，不管总体服从什么分布，只要样本容量充分大，抽样均值的极限分布就是正态分布。

(二) 样本均值与样本比例的抽样分布

样本均值的抽样分布，是指在重复选取样本容量为 n 的样本时，由样本均值的所有可能取值形成的相对频数分布。

样本比例的抽样分布，是指在重复选取样本容量为 n 的样本时，由样本比例的所有可能取值形成的相对频数分布。

设总体共有 N 个单位，其均值为 μ，比例为 π，方差为 σ^2，从中抽取样本容量为 n 的样本，样本均值的数学期望（即样本均值的均值）记为 $E(\bar{x})$，样本均值的方差记为 $\sigma_{\bar{x}}^2$，样本比例的数学期望记为 $E(p)$，样本比例的抽样方差为 σ_p^2。样本均值与样本比例的抽样分布具体如表 5-3 所示。

表 5-3　　　　　　　　　样本均值与样本比例的抽样分布

分布形式	数学期望	方差	
		重复抽样	不重复抽样
样本均值	$E(\bar{x})=\mu$	$\sigma_{\bar{x}}^2=\dfrac{1}{n}\sigma^2$	$\sigma_{\bar{x}}^2=\dfrac{\sigma^2}{n}\cdot\dfrac{N-n}{N-1}\approx\dfrac{\sigma^2}{n}\cdot\left(1-\dfrac{n}{N}\right)$
样本比例	$E(p)=\pi$	$\sigma_p^2=\dfrac{\pi(1-\pi)}{n}$	$\sigma_p^2=\dfrac{\pi(1-\pi)}{n}\cdot\dfrac{N-n}{N-1}\approx\dfrac{\pi(1-\pi)}{n}\left(1-\dfrac{n}{N}\right)$

(三) 样本方差的抽样分布

对于来自正态总体的简单随机样本，$\frac{(n-1)s^2}{\sigma^2}$ 服从自由度为 $n-1$ 的 χ^2 分布，即：

$$\chi^2 = \frac{(n-1)s^2}{\sigma^2} \sim \chi^2(n-1)$$

四、抽样误差

(一) 抽样误差的含义

抽样误差是样本统计量与总体参数之间的离差，是由抽样随机性而产生的误差。它不包括因登记、汇总等原因而产生的登记性误差，也不包括违背随机原则而产生的代表性误差，用公式可以表示为：

$$\text{平均数的抽样误差} = |\bar{x} - \mu|$$

$$\text{比例的抽样误差} = |p - \pi|$$

(二) 抽样平均误差

抽样平均误差，是根据随机原则抽样时，所有可能出现的样本统计量的标准差。它概括地反映了样本统计量与总体参数的平均误差。

简单随机抽样下抽样平均误差的计算公式如表 5-4 所示。

表 5-4　　　　　　　　　样本均值与样本比例的抽样平均误差

类别	重复抽样	不重复抽样
样本均值	$\sigma_{\bar{x}} = \frac{\sigma}{\sqrt{n}}$	$\sigma_{\bar{x}} = \sqrt{\frac{\sigma^2}{n} \cdot \frac{N-n}{N-1}} \approx \sqrt{\frac{\sigma^2}{n}\left(1 - \frac{n}{N}\right)}$
样本比例	$\sigma_p = \sqrt{\frac{\pi(1-\pi)}{n}}$	$\sigma_p = \sqrt{\frac{\pi(1-\pi)}{n} \cdot \frac{N-n}{N-1}} \approx \sqrt{\frac{\pi(1-\pi)}{n}\left(1 - \frac{n}{N}\right)}$

(三) 抽样极限误差

抽样极限误差是调查者根据抽样推断结果的精确度及可靠性要求确定的样本统计量和总体参数之间的最大允许范围，也称为允许误差或容许误差，用 Δ 表示。

$$\text{抽样平均数的允许误差} \Delta_{\bar{x}} = |\bar{x} - \mu|$$

$$\text{抽样比例的允许误差} \Delta_p = |p - \pi|$$

在实际工作中可以将其变换为如下完全等值的不等式：

$$\bar{x} - \Delta_{\bar{x}} \leqslant \mu \leqslant \bar{x} + \Delta_{\bar{x}}$$

$$p - \Delta_p \leqslant \pi \leqslant p + \Delta_p$$

五、参数估计

(一) 参数估计的含义

参数估计是在抽样及抽样分布的基础上,根据样本统计量来推断总体参数。

在参数估计中,用来估计总体参数的统计量称为估计量。样本均值、样本比例、样本方差等都可以是一个估计量。根据一个具体的样本计算出来的估计量的具体数值,称为估计值。

(二) 评价估计量的标准

(1) 无偏性。无偏性是指估计量抽样分布的数学期望等于被估计的总体参数。设总体参数为 θ,样本统计量为 $\hat{\theta}$,如果 $E(\hat{\theta})=\theta$,则称 $\hat{\theta}$ 为 θ 的无偏估计量。

(2) 有效性。有效性是指对同一总体参数的两个无偏估计量,有更小标准差的估计量更有效。在无偏估计的条件下,估计量的方差越小,估计就越有效。

(3) 一致性。一致性是指随着样本容量的增大,样本统计量接近总体参数的可能性越来越大。或者,对于任意给定的偏差控制水平,两者间偏差高于此控制水平的可能性越来越小,接近于 0。

(三) 参数估计的方法

1. 点估计

点估计是用样本统计量 $\hat{\theta}$ 的某个取值直接作为总体参数 θ 的估计值。

2. 区间估计

区间估计是在点估计的基础上,给出总体参数估计的一个区间范围,并要求给出区间估计成立的概率值。这个区间范围又称为置信区间,其区间的上、下限分别称为置信上限和置信下限。

(1) 总体均值的区间估计。在不同情况下,总体均值的区间估计如表 5-5 所示,这里主要列示重复抽样下的区间估计。

表 5-5　　　　　　　　不同情况下总体均值的区间估计

总体分布	样本容量	方差已知	方差未知
正态分布	大样本 ($n \geqslant 30$)	$\bar{x} \pm z_{\alpha/2} \dfrac{\sigma}{\sqrt{n}}$	$\bar{x} \pm z_{\alpha/2} \dfrac{s}{\sqrt{n}}$
正态分布	小样本 ($n < 30$)	$\bar{x} \pm z_{\alpha/2} \dfrac{\sigma}{\sqrt{n}}$	$\bar{x} \pm t_{\alpha/2} \dfrac{s}{\sqrt{n}}$
非正态分布	大样本 ($n \geqslant 30$)	$\bar{x} \pm z_{\alpha/2} \dfrac{\sigma}{\sqrt{n}}$	$\bar{x} \pm z_{\alpha/2} \dfrac{s}{\sqrt{n}}$

(2) 总体比例的区间估计。根据抽样分布理论,在大样本 ($np \geqslant 5$ 和 $n(1-p) \geqslant 5$) 情况下,样本比例的置信区间为: $p \pm z_{\alpha/2} \sigma_p$。

(3) 总体方差的区间估计。总体方差 σ^2 在 $1-\alpha$ 置信水平下的置信区间为：
$\dfrac{(n-1)s^2}{\chi^2_{\alpha/2}} \leqslant \sigma^2 \leqslant \dfrac{(n-1)s^2}{\chi^2_{1-\alpha/2}}$。

六、样本容量

在进行参数估计之前，首先应该确定一个适当的样本容量。抽样估计的精确度和可靠性与样本容量之间存在着一定的数量关系，运用这种关系可以计算出抽样所需要的最低样本容量。样本容量的计算公式如表 5-6 所示。

表 5-6　　　　　　　　　　样本容量的计算公式

情形	重复抽样	不重复抽样
估计总体均值时	$n = \dfrac{Z^2_{\alpha/2}\sigma^2}{\Delta^2_{\bar{x}}}$	$n = \dfrac{NZ^2_{\alpha/2}\sigma^2}{N\Delta^2_{\bar{x}} + Z^2_{\alpha/2}\sigma^2}$
估计总体比例时	$n = \dfrac{Z^2_{\alpha/2}\pi(1-\pi)}{\Delta^2_p}$	$n = \dfrac{NZ^2_{\alpha/2}\pi(1-\pi)}{N\Delta^2_p + Z^2_{\alpha/2}\pi(1-\pi)}$

第二部分　练　习　题

一、单项选择题

1. 对总体各单位按某一标志排列后，按固定间隔抽选样本的抽样方法是（　　）。
   A. 随机抽样　　　B. 简单抽样　　　C. 等距抽样　　　D. 分层抽样

2. 推断的可靠程度称为（　　）。
   A. 可信度　　　B. 置信度　　　C. 置信区间　　　D. 区间估计

3. 某企业为了检查产品质量，在 24 小时中每隔 30 分钟取下一分钟的产品进行检查，这种抽样形式是（　　）。
   A. 简单随机抽样　　B. 分层抽样　　C. 类型抽样　　D. 等距抽样

4. 从总体中抽取样本时必须遵循的原则是（　　）。
   A. 方便原则　　　B. 随机原则　　　C. 可比原则　　　D. 等价原则

5. 抽样调查所特有的误差是（　　）。
   A. 由于样本的随机性而产生的误差　　　B. 登记误差
   C. 系统性误差　　　D. 测量误差

6. 在重复随机抽样中，为了使抽样平均误差降低 50%，则样本容量需扩大为原来的（　　）。
   A. 2 倍　　　B. 4 倍　　　C. 6 倍　　　D. 8 倍

7. 同等条件下,重复抽样的抽样平均误差与不重复抽样的抽样平均误差的关系是( )。

   A. 前者大于后者　　B. 两者相等　　C. 前者小于后者　　D. 以上都不对

8. 若总体平均数 $\mu=55$,在一次抽样调查中测得 $\bar{x}=53$,则下列说法正确的是( )。

   A. 抽样极限误差为2　　　　　　B. 抽样平均误差为2

   C. 抽样实际误差为2　　　　　　D. 以上都不对

9. 抽样调查的主要目的在于( )。

   A. 全面了解总体单位的情况　　　B. 计算和控制误差

   C. 对调查单位进行深层研究　　　D. 用样本来推断总体

10. 在其他条件不变的情况下,抽样单位数目和抽样误差的关系是( )。

    A. 抽样单位数目越大,抽样误差越大

    B. 抽样单位数目越大,抽样误差越小

    C. 抽样单位数目的变化与抽样误差的数值无关

    D. 抽样误差变化程度是抽样单位数变动程度的2倍

11. 内部差异较大的总体适用的抽样组织形式是( )。

    A. 简单随机抽样　　B. 分层抽样　　C. 方便抽样　　D. 自愿抽样

12. 大样本通常指的是样本数量超过( )个。

    A. 10　　　　　　B. 30　　　　　　C. 100　　　　　　D. 300

13. 样本统计量的概率分布被称为( )。

    A. 抽样分布　　　B. 正态分布　　　C. 样本分布　　　D. 总体分布

14. 某校高三年级学生共1 000人参加考试,将1 000份试卷编好号码后,从中随机抽取30份计算平均成绩,此种抽样方法为( )。

    A. 简单随机抽样　　B. 系统抽样　　C. 分层抽样　　D. 整群抽样

15. 在其他条件不变的情况下,抽样平均误差( )。

    A. 与样本单位数目无关　　　　　B. 不受抽样组织方式的影响

    C. 与总体标准差成正比　　　　　D. 不受抽样方法不同的影响

16. 在采用分层抽样时,对于层进行划分的标准是( )。

    A. 尽可能使层间的差异大,层内的差异小

    B. 尽可能使层间的差异大,层内的差异大

    C. 尽可能使层间的差异小,层内的差异小

    D. 尽可能使层间的差异小,层内的差异大

17. 若估计量 $\hat{\theta}$ 满足 $E(\hat{\theta})=\theta$,则称该估计量是一个( )。

    A. 无偏估计量　　B. 有效估计量　　C. 一致估计量　　D. 方差最小估计量

18. 为获得某批日光灯产品平均寿命数据,现随机从中抽取100件产品,测得平均寿命

为2 000小时,则样本平均数为(　　)。

　　A. 100小时　　　　B. 2 000小时　　　C. 1 900小时　　　D. 2 100小时

19. 概率抽样与非概率抽样的主要区别在于(　　)。

　　A. 样本量的确定不同　　　　　　　　B. 抽样是否遵循随机原则

　　C. 总体的特征值估计不同　　　　　　D. 适用的场合不同

20. 根据样本计算的用于推断总体特征的度量值称为(　　)。

　　A. 参数　　　　　　B. 总体　　　　　　C. 样本　　　　　　D. 统计量

21. 将某居民小区的4 000户居民从1—4 000编号,在1—100号中随机抽取1个号码为3,则3、103、203……3 903构成抽样调查样本,这样的抽样方法为(　　)。

　　A. 简单随机抽样　　B. 系统抽样　　　　C. 分层随机抽样　　D. 整群抽样

22. 关于总体参数和样本统计量说法正确的是(　　)。

　　A. 总体参数是确定值,样本统计量是随机变量

　　B. 总体参数是随机变量,样本统计量是确定值

　　C. 总体参数和样本统计量都是确定值

　　D. 总体参数和样本统计量都是随机变量

23. 某商品的1 000件样品中,测得的优质品为960件,则样本优质品比例为(　　)。

　　A. 100%　　　　　B. 4%　　　　　　C. 96%　　　　　　D. 无法计算

24. 在抽样调查中,针对同一个总体(　　)。

　　A. 可以抽取很多样本　　　　　　　　B. 只能抽取一个样本

　　C. 只能抽取一个单位　　　　　　　　D. 只能计算一个统计指标

25. 为了了解某县区各家庭的生活状况,在调查过程中,将该县区所有家庭按居委会分组,并以居委会为单位进行简单随机抽样,再对抽中的居委会所辖每户家庭一一进行调查,这种调查组织方式为(　　)。

　　A. 多阶抽样　　　　B. 系统抽样　　　　C. 分层抽样　　　　D. 整群抽样

26. 在抽样调查中,样本容量(　　)。

　　A. 由统一的抽样比例决定

　　B. 越大越好

　　C. 取决于抽样推断对精确的和可靠性的要求

　　D. 越小越好

27. 采用抽样方法调查某大学学生的消费支出,如果不易获得全校学生的名单,比较适合的抽样方法是(　　)。

　　A. 多阶抽样　　　　B. 系统抽样　　　　C. 分层抽样　　　　D. 整群抽样

28. 某车间采用重复抽样方式抽查了100个零件,得到废品率为5%,若以85%的置信水平($z_{\alpha/2}=1.44$)推断,全部产品的废品率区间是(　　)。

A. $4.5\% \leq \pi \leq 5.6\%$ B. $6.2\% \leq \pi \leq 3.8\%$

C. $1.86\% \leq \pi \leq 8.14\%$ D. $4.5\% \leq \pi \leq 5.5\%$

29. 抽样调查中,无法消除的误差是( )。

 A. 计算误差   B. 登记性误差   C. 系统性误差   D. 抽样误差

30. 计算必要样本容量时,若总体方差未知,应当从几个可供选择的样本方差中选择数值( )。

 A. 最小的   B. 任意的   C. 最大的   D. 适中的

二、多项选择题

1. 从总体中可以抽选一系列样本,则下列说法正确的有( )。

 A. 总体指标是随机变量   B. 样本指标是随机变量

 C. 抽样指标是唯一确定的   D. 总体指标是唯一确定的

2. 下列各项中,属于简单随机抽样实施方法的有( )。

 A. 抽签法   B. 随机数表法   C. 排序法   D. 判断法

3. 概率抽样的组织方式有( )。

 A. 简单随机抽样   B. 分层抽样   C. 整群抽样   D. 机械抽样

4. 抽样调查中的抽样误差( )。

 A. 不可避免要产生的   B. 可以事先计算并加以控制

 C. 受总体标志变动程度影响   D. 可以避免

5. 影响抽样平均误差的因素有( )。

 A. 总体方差或标准差   B. 样本容量

 C. 抽样方法   D. 抽样调查的组织形式

6. 常用的样本指标有( )。

 A. 样本平均数   B. 样本标准差   C. 样本容量   D. 样本比例

7. 在计算抽样平均误差时,若总体标准差未知,可采用的解决方法有( )。

 A. 用样本标准差代替   B. 用估计资料代替

 C. 用过去的调查资料代替   D. 将其默认为1

8. 在抽样调查中应用的抽样误差指标有( )。

 A. 抽样实际误差   B. 抽样平均误差

 C. 抽样误差算术平均数   D. 抽样极限误差

9. 下列各项中,属于影响样本容量因素的有( )。

 A. 总体的大小   B. 置信水平

 C. 抽样平均误差   D. 总体的方差水平

10. 在总体100个单位中,抽取40个单位,则下列说法正确的有( )。

A. 样本个数40个 B. 样本容量40个
C. 一个样本有40个单位 D. 这是一个大样本

11. 下列各项中,属于抽样推断特点的有(　　)。

A. 遵循随机原则

B. 运用概率估计的方法

C. 抽样误差可以事先计算并加以控制

D. 用部分单位指标值去推断总体指标值

12. 下列各项中,适用于抽样推断的有(　　)。

A. 某城市居民生活费的支出情况　　B. 某批灯泡使用寿命长短

C. 食品质量的调查　　D. 对全面调查资料进行评价与修正

13. 下列各项中,属于重复随机抽样特点的有(　　)。

A. 总体中每个单位在各次抽样中被抽取的机会相等

B. 总体中每个单位在各次抽样中被抽取的机会不等

C. 每次抽取时总体单位数始终不变

D. 每次抽取时总体单位数始终减少

14. 在总体中有甲、乙、丙、丁四个单位,要从总体中不重复随机抽取两个单位,可能的样本排列有(　　)。

A. (甲、乙)(甲、丙)(甲、丁)　　B. (乙、甲)(乙、丙)(乙、丁)

C. (丙、甲)(丙、乙)(丙、丁)　　D. (丁、甲)(丁、乙)(丁、丙)

15. 下列各项中,属于区间估计应具备的要素有(　　)。

A. 置信区间　　B. 概率　　C. 置信度　　D. 抽样平均误差

三、判断题

1. 用从总体中抽取的一个样本统计量作为总体参数的估计值称为区间估计。(　　)

2. 一个好的估计量应具备的特性是充分性、必要性、无偏性、一致性。(　　)

3. 计算抽样平均误差时,如果缺少总体方差资料,可以用样本方差来替代。(　　)

4. 对于同一总体,样本容量同抽样平均误差之间呈正相关关系。(　　)

5. 样本比例是指在样本中具有被研究标志表现的单位数占全部样本单位数的比重。
(　　)

6. 从同一总体中抽取的样本不同,估计的结果也可能不同。(　　)

7. 抽样极限误差越大,区间越宽,把握程度或可靠性就越高。(　　)

8. 总体中各单位标志值差异越大,要求的必要抽样数量就越少。(　　)

9. 在计算抽样所需要的最低样本容量时,如果计算得到 $n=89.23$,则最终确定的样本容量为89。(　　)

10. 随机原则并不排除人的主观意识的作用。（　）
11. 分层抽样不仅能对总体指标进行推算，而且能对各层指标进行推算。（　）
12. 在其他条件不变情况下，重复抽样的抽样平均误差增加1倍，则样本单位数变为原来的1/4倍。（　）
13. 在抽样过程中如果没有遵循随机原则，将产生抽样误差。（　）
14. 在抽样推断中，作为推断对象的总体和作为观察对象的样本都是确定的，并且唯一。（　）
15. 总体指标的标准差就是抽样平均误差。（　）
16. 在抽样推断中，抽样误差是可避免且可控制的。（　）
17. 样本平均数是客观存在的常数。（　）
18. 抽样推断可用于那些具有破坏性或消耗性的产品质量检验。（　）
19. 连续性生产产品的企业，按每隔5小时抽取10分钟的产品，作全部检验，并据此推断该企业全部产品的质量情况，这种组织形式属于等距抽样。（　）
20. 在不同的抽样组织方式下，计算抽样平均误差应该采取不同的公式。（　）

四、思考题

1. 什么是抽样推断？抽样推断的特点有哪些？
2. 什么是置信度？什么是置信区间？两者有什么联系？
3. 什么是区间估计？为什么说它比点估计更科学？
4. 什么是估计量？什么是估计值？两者有何不同？

五、计算分析题

1. 为了了解大学生每月的消费支出情况，对某高校3 000名大二学生进行消费支出调查，随机抽取其中10%的学生作为样本，整理调查所得的资料可知：样本容量为300人，平均每人每月的消费支出为652.8元，消费支出的标准差为53.2元。

要求：

(1) 按重复抽样计算抽样平均数的平均误差。

(2) 按不重复抽样计算抽样平均数的平均误差。

2. 从某企业生产的2 000个零部件中随机不重复抽取100个进行质量检验，检验发现抽取的100个零件中有5个零部件未达到质量要求。

要求：请计算该批零部件合格率的抽样平均误差。

3. 为了了解某市青少年的吸烟情况，从该市所有青少年中按照重复抽样随机抽取了1 000名青少年进行调查，发现有217人每天都吸烟。

要求：在95%的置信水平下，试估计该市青少年每天都吸烟的青少年比例的置信区间。

4. 对某商场销售员的劳动效率进行随机不重复抽样,共抽查 90 人,调查得知每人每日平均销售额为 500 元,其标准差为 22.5 元。已知该商场共有销售员 900 人。

要求:

(1) 计算抽样平均误差。

(2) 在 95% 的置信水平下,推断该商场销售员每天平均销售额的置信区间。

5. 某电阻厂对生产的 10 000 只电阻进行质量检验,按照不重复抽样随机抽取 100 只,测得电阻的平均通电时间为 2 000 小时,通电时间的标准差为 50 小时。

要求:

(1) 在 95.45% 的置信水平下,试估计这批电阻平均通电时间的范围。

(2) 如果要求最大允许误差不超过 15 小时,试求这批电阻的平均通电时间范围和其估计的置信水平。

6. 从某工厂 1 385 名工人中,按照不重复抽样随机抽出 50 名工人进行调查,得知这些工人的月产量如表 5-7 所示。

表 5-7　　　　　　　　　某工厂工人月产量统计表

月产量(件)	工人数(人)
62	4
65	6
67	6
70	8
75	10
80	7
90	4
100	3
120	2
合计	50

要求:以 95% 的置信水平估计该厂工人月平均产量的置信区间。

第三部分　参考答案

一、单项选择题

1.【答案】 C

【解析】 对总体各单位按某一标志排列后,按固定间隔抽选样本的抽样方法是等距抽样。

2. 【答案】 B

   【解析】 可靠性是指估计结果正确的概率大小,是抽样估计本身正确性的一个概率保证,通常称为估计的置信水平或置信度,一般用 $1-\alpha$ 表示,推断的可靠程度是指置信度。

3. 【答案】 D

   【解析】 等距抽样(也叫机械抽样或系统抽样),是指将总体各单位按一定标志或次序排列成为图形或一览表式(也就是通常所说的排队),然后按相等的距离或间隔抽取样本单位。企业检查产品质量时每隔固定的时间抽取产品属于等距抽样。

4. 【答案】 B

   【解析】 从总体中抽取样本时必须遵循随机原则。

5. 【答案】 A

   【解析】 抽样误差是抽样调查所特有的、不可避免的误差。抽样误差是由抽样随机性而产生的误差。

6. 【答案】 B

   【解析】 重复抽样下,抽样平均误差与样本容量的平方根成反比,所以要使抽样平均误差降低50%,样本容量就扩大为原来的4倍。

7. 【答案】 A

   【解析】 重复抽样的抽样平均误差计算公式比不重复抽样的抽样平均误差计算公式少一个修正系数,修正系数约为 $\left(1-\dfrac{n}{N}\right)$ 小于1,所以重复抽样的抽样平均误差大于不重复抽样的抽样平均误差。

8. 【答案】 C

   【解析】 抽样实际误差是样本统计量与总体参数之间的离差。抽样平均误差,是根据随机原则抽样时,所有可能出现的样本统计量的标准差。抽样极限误差是调查者根据抽样推断结果的精确度及可靠性要求确定的样本统计量和总体参数之间的最大允许范围,也称为允许误差或容许误差。因此,总体平均数与样本平均数的离差属于抽样实际误差。

9. 【答案】 D

   【解析】 抽样调查是抽样推断的开始,其主要目的是利用样本推断总体。

10. 【答案】 B

    【解析】 抽样单位数量与抽样误差成反比关系,抽样单位数量越大,抽样误差越小。

11. 【答案】 B

    【解析】 分层抽样适用于总体情况复杂,各单位之间差异较大,单位较多的情况。

12. 【答案】 B

【解析】 大样本通常指的是样本数量超过30个。

13. 【答案】 A

【解析】 样本统计量的概率分布称为抽样分布。

14. 【答案】 A

【解析】 简单随机抽样(也叫纯随机抽样),是指从总体中不加任何分组、划类、排队等,完全随机地抽取调查单位。将1 000份试卷编好号码后,从中随机抽取30份计算平均成绩,此种抽样方法为简单随机抽样。

15. 【答案】 C

【解析】 影响抽样平均误差的因素主要有以下四个方面:

(1) 总体方差或标准差。抽样误差与总体方差成正比例关系。

(2) 样本容量。抽样平均误差与样本容量成反比例关系。

(3) 抽样方法。在其他条件(如总体方差,样本容量等)相同时,不重复抽样的抽样平均误差一般小于重复抽样的抽样平均误差。

(4) 抽样调查的组织形式。按不同组织形式所抽取的样本对于总体的代表性是不同的,因而其抽样平均误差也就不同。

16. 【答案】 A

【解析】 在采用分层抽样时,对层进行划分时要尽可能使层间的差异大、层内的差异小。

17. 【答案】 A

【解析】 设总体参数为θ,样本统计量为$\hat{\theta}$,如果$E(\hat{\theta})=\theta$,则称$\hat{\theta}$为θ的无偏估计量。

18. 【答案】 B

【解析】 根据样本各单位的标志值或标志特征计算的、反映样本数量特征的综合指标是样本指标,样本指标主要有:样本平均数$\bar{x}$,样本方差s^2,样本标准差s,样本比例p。本题中100件产品为样本,根据样本测得的平均寿命为2 000小时,则样本平均数即为2 000小时。

19. 【答案】 B

【解析】 概率抽样是根据一个已知的概率来抽取样本单位,哪个单位被抽中与否完全是随机的。非概率抽样则是研究人员有意识地选取样本单位,样本单位的抽取不是随机的。两者的主要区别在于抽样是否遵循随机原则。

20. 【答案】 D

【解析】 根据样本计算的用于推断总体特征的度量值称为统计量或样本指标。

21. 【答案】 B

【解析】 等距抽样(也叫机械抽样或系统抽样),是指将总体各单位按一定标志或次序排列成为图形或一览表式(也就是通常所说的排队),然后按相等的距离或间隔抽取样本单位。该抽样样本编号间隔相等,因此属于等距抽样(系统抽样)。

22. 【答案】 A

    【解析】 在抽样调查中,总体参数是唯一确定的不变量,是需要根据样本统计量进行推断估计的未知数值;样本统计量是根据样本资料计算得来的,抽取的样本资料不一样,样本统计量就不同,样本统计量是随机的。

23. 【答案】 C

    【解析】 样本优质品比例 $p=\dfrac{n_1}{n}=\dfrac{960}{1\,000}=96\%$。

24. 【答案】 A

    【解析】 在抽样调查中,针对同一个总体可以抽取多个样本,样本的可能数目跟抽样方法有关。

25. 【答案】 D

    【解析】 整群抽样是指从总体中成群成组地抽取调查单位,而不是一个一个地抽取调查样本。该调查中按居委会分组之后,以组为单位随机抽取,对抽中的居委会的所有家庭进行调查,属于整群抽样。

26. 【答案】 C

    【解析】 样本容量越大,抽样估计的精确度和可靠性就越高,但同时所投入的人力、费用和时间也越多;样本容量越小,投入的人力、费用和时间也越少,但精确度和可靠性也会随之降低。为解决这个矛盾,一般原则是在保证抽样估计精确度和可靠性的条件下,使样本容量尽量小。

27. 【答案】 C

    【解析】 分层抽样适用于总体情况复杂,各单位之间差异较大,单位较多的情况。该项调查适宜采用分层抽样。

28. 【答案】 C

    【解析】 重复抽样下,$\sigma_p=\sqrt{\dfrac{p(1-p)}{n}}=\sqrt{\dfrac{5\%(1-5\%)}{100}}=2.18\%$,已知 $z_{\alpha/2}=1.44$,则产品废品率的置信区间是 $p\pm z_{\alpha/2}\sigma_p=5\%\pm 1.44\times 2.18\%=5\%\pm 3.14\%=(1.86\%\sim 8.14\%)$。

29. 【答案】 D

    【解析】 抽样调查中,抽样误差是不可避免、无法消除的。

30. 【答案】 C

    【解析】 在计算样本容量时,总体方差与总体比例一般都是未知的,一般可以利用历史资料或实验性数据来代替。若遇到有不止一个经验数据或样本数据时,宜选择最大的一个。

二、多项选择题

1. 【答案】 BD

   【解析】 在抽样调查中,总体参数是唯一确定的不变量,是需要根据样本统计量进行推断估计的未知数值;样本统计量是根据样本资料计算得来的,抽取的样本资料不一样,样本统计量就不同,样本统计量是随机的。

2. 【答案】 AB

   【解析】 简单随机抽样实施方法包括抽签法和随机数表法。

3. 【答案】 ABCD

   【解析】 概率抽样按其组织方式不同,可分成简单随机抽样、等距抽样(也叫机械抽样或系统抽样)、类型抽样(也叫分层抽样)、整群抽样。

4. 【答案】 ABC

   【解析】 抽样调查方式下,不可避免地会产生抽样误差。但这种误差可以通过一定的方式计算出来,在抽样过程中也能通过一定的措施控制误差范围,使得抽样结果更加可靠。抽样误差受总体标志变动程度影响,与总体标准差成正比关系。

5. 【答案】 ABCD

   【解析】 根据抽样平均误差公式,可以分析影响抽样平均误差的因素主要有:总体方差或标准差;样本容量;抽样方法;抽样调查的组织形式。

6. 【答案】 ABD

   【解析】 样本指标主要有:样本平均数 $\bar{x}$,样本方差 s^2,样本标准差 s,样本比例 p。

7. 【答案】 ABC

   【解析】 在计算抽样平均误差时,通常总体标准差 σ 是未知的,在大样本的情况下,可用样本标准差 s 代替,也可以用历史标准差或实验标准差代替。当有几个替代标准差可供选择时,通常取数值大的标准差。

8. 【答案】 BD

   【解析】 在抽样调查中应用的抽样误差指标主要是抽样平均误差和抽样极限误差。抽样实际误差是总体参数与样本统计量的离差,而总体参数经常是未知的,所有抽样实际误差很难计算出来。

9. 【答案】 ABCD

   【解析】 根据样本容量的估计公式,影响样本容量的因素有总体大小、置信水平、抽样平均误差、总体方差。

10. 【答案】 BCD

    【解析】 选项A,样本个数又称样本可能数目,是指在一个抽样方案中总体中所有可能被抽取的样本总数,样本个数与样本的容量大小有关,也和抽样的方法有关。

11. 【答案】 ABCD

12. 【答案】 ABCD

13. 【答案】 AC

    【解析】 重复抽样是从总体中随机抽选一个单位,经观察后放回总体,再从全部总体单位中抽选。按照这种方式抽样,每次都是从 N 个总体单位中抽选,同一单位有多次重复中选,每个单位在各次抽样中被抽取的机会相等。

14. 【答案】 ABCD

    【解析】 按照不重复抽样从四个单位中随机抽取两个单位,有 12 种可能的样本,即选项 ABCD 的 12 种。

15. 【答案】 AC

    【解析】 区间估计是在点估计的基础上,给出总体参数估计的一个区间范围,并要求给出区间估计成立的概率值。这个区间范围又称为置信区间,其区间的上、下限分别称为置信上限和置信下限。区间估计成立的概率值通常称为估计的置信水平或置信度,一般用 $1-\alpha$ 表示。

三、判断题

1. 【答案】 ×

   【解析】 用从总体中抽取的一个样本统计量作为总体参数的估计值应该是点估计。

2. 【答案】 ×

   【解析】 评价估计量优良的标准主要有:无偏性、一致性、有效性。

3. 【答案】 √

4. 【答案】 ×

   【解析】 对于同一总体,样本容量与抽样平均误差呈反相关关系,样本容量越大,抽样平均误差越小。

5. 【答案】 √

6. 【答案】 √

7. 【答案】 √

   【解析】 抽样极限误差越大,区间越宽,把握程度或可靠性就越高,但精确度越低。

8. 【答案】 ×

   【解析】 要求的必要抽样数量与总体各单位标志值差异成正相关关系,总体各单位标志值差异越大,要求的必要抽样数量就越多。

9. 【答案】 ×

   【解析】 计算样本容量时,结果如果带小数,样本容量不按四舍五入法则取整数,而是取比这个数大的最小整数。计算得到 $n=89.23$,那么样本容量应该是 90,而不是 89。

10. 【答案】 ×

【解析】 随机,是指每个单位都有可能被选出来,调查单位的选取不受调查者主观意志的影响,完全是客观的。

11. 【答案】 √

12. 【答案】 √

13. 【答案】 ×

【解析】 抽样误差是抽样调查特有的、不可避免的误差,不管抽样是否遵循随机原则,都会产生抽样误差。

14. 【答案】 ×

【解析】 总体是我们的研究内容的对象,因此它是唯一的、确定的;而样本则是建立在随机基础上抽取出来的,每一次选样,都会选出不同的结果,所以它是变动的、不确定的。

15. 【答案】 ×

【解析】 抽样平均误差,是根据随机原则抽样时,所有可能出现的样本统计量的标准差。它概括地反映了样本统计量与总体参数的平均误差。

16. 【答案】 ×

【解析】 抽样推断中,抽样误差不可避免,但可以事先计算并加以控制。

17. 【答案】 ×

【解析】 样本平均数是随机变量,每次抽样不同,样本平均数也不同。

18. 【答案】 √

19. 【答案】 √

20. 【答案】 √

四、思考题

1. 【答案】

抽样推断一般是建立在概率抽样的基础上,利用样本的实际资料计算样本统计量并据以推算总体相应数量特征的一种统计方法。

抽样推断的特点主要有:

(1) 抽样推断是由部分推断全体的一种认识方法。

(2) 抽样推断坚持随机抽样的原则。

(3) 抽样推断是运用概率估计的方法。

(4) 抽样误差可以事先计算并加以控制。

2. 【答案】

置信度也称为可靠度,或置信水平、置信系数,是指估计结果正确的概率大小,是抽样估计本身正确性的一个概率保证,一般用 $1-\alpha$ 表示,代表了区间估计的可靠性。

置信区间是指在某一置信度时，总体参数所在的区域距离或区域长度。

在估计总体参数时，一般都会给出一个较高的置信度，如 95% 或 99% 等。但是，当样本容量 n 为一定时，置信度越高，置信区间就越大，即估计的参数的相对精度就会越低。反之，置信度越低，则精度相对就会越高。解决这一矛盾的方法就是增加样本容量 n。

3.【答案】

区间估计是在点估计的基础上，给出总体参数估计的一个区间范围，并要求给出区间估计成立的概率值。这个区间范围又称为置信区间，其区间的上、下限分别称为置信上限和置信下限。

点估计就是用样本统计量 $\hat{\theta}$ 的某个取值直接作为总体参数 θ 的估计值。点估计的方法虽然简单，但由于样本是随机的，抽出一个具体的样本得到的估计值很可能不同于总体真值。在用点估计值代表总体参数值的同时，还必须给出点估计值的可靠性，也就是说，必须能说出点估计值与总体参数的真实值接近的程度。但一个点估计值的可靠性是由它的抽样标准误差来衡量的，这表明一个具体的点估计值无法给出估计的可靠性的度量，因此就不能完全依赖于一个点估计值，而是围绕点估计值构造总体参数的一个区间，这就是区间估计。

4.【答案】

在参数估计中，用来估计总体参数的统计量称为估计量。样本均值、样本比例、样本方差等都可以是一个估计量。

根据一个具体的样本计算出来的估计量的具体数值，称为估计值。

估计量是样本的函数，可以看成是一种估计的方法，而估计值是由这种方法计算出来的某一个具体的数值。运用同一个估计量对总体的参数进行估计，对于不同的样本来说，具体估计值可能是不同的。

五、计算分析题

1.【答案】

(1) 重复抽样下：

$$\sigma_{\bar{x}} = \frac{\sigma}{\sqrt{n}} = \frac{53.2}{\sqrt{300}} = 3.07(元)$$

(2) 不重复抽样下：

$$\sigma_{\bar{x}} = \sqrt{\frac{\sigma^2}{n}\left(1-\frac{n}{N}\right)} = \sqrt{\frac{53.2^2}{300}(1-10\%)} = 2.91(元)$$

计算结果表明，重复抽样下的抽样平均误差为 3.07 元，不重复抽样下的抽样平均误差为 2.91 元。

2. 【答案】

已知 $N=2\,000$，$n=100$，则

$$p = \frac{100-5}{100} \times 100\% = 95\%$$

$$\sigma_p = \sqrt{\frac{p(1-p)}{n}\left(1-\frac{n}{N}\right)} = \sqrt{\frac{95\%(1-95\%)}{100}\left(1-\frac{100}{2\,000}\right)} = 2.12\%$$

计算结果表明，该批零部件合格率的抽样平均误差为 2.12%。

3. 【答案】

抽样比例为：

$$p = \frac{217}{1\,000} \times 100\% = 21.7\%$$

重复抽样下，青少年每天都吸烟比例的平均误差为：

$$\sigma_p = \sqrt{\frac{p(1-p)}{n}} = \sqrt{\frac{21.7\%(1-21.7\%)}{1\,000}} = 1.30\%$$

对于置信水平 $1-\alpha=0.95$，查正态分布表，可知 $z_{\alpha/2}=1.96$。则置信区间为：

$$p \pm z_{\alpha/2}\sigma_p = 21.7\% \pm 1.96 \times 1.30\% = 21.7\% \pm 2.55\%$$

即 (19.15%，24.25%)。

计算结果表明，在 95% 的置信水平下，该市青少年每天都吸烟的青少年比例的置信区间为 19.15%～24.25%。

4. 【答案】

(1) 对于不重复抽样，样本均值的抽样平均误差为：

$$\sigma_{\bar{x}} = \sqrt{\frac{\sigma^2}{n}\left(1-\frac{n}{N}\right)} = \sqrt{\frac{22.5^2}{90}\left(1-\frac{90}{900}\right)} = 2.25$$

(2) 对于置信水平 $1-\alpha=0.95$，查正态分布表，可知 $z_{\alpha/2}=1.96$。则总体均值的置信区间为：

$$\bar{x} \pm z_{\alpha/2}\sigma_{\bar{x}} = 500 \pm 1.96 \times 2.25 = 500 \pm 4.41$$

即 (495.59，504.41)。

计算结果表明，在 95% 的置信水平下，该商场销售员平均销售额的置信区间为 495.59～504.41 元。

5. 【答案】

(1) 不重复抽样下样本均值的抽样平均误差为：

$$\sigma_{\bar{x}} = \sqrt{\frac{\sigma^2}{n}\left(1-\frac{n}{N}\right)} = \sqrt{\frac{50^2}{100}\left(1-\frac{100}{10\,000}\right)} = 4.97(\text{小时})$$

对于置信水平 $1-\alpha = 95.45\%$，查正态分布表，可知 $z_{\alpha/2} = 2$。则总体均值的置信区间为：

$$\bar{x} \pm z_{\alpha/2}\sigma_{\bar{x}} = 2\,000 \pm 2 \times 4.97 = 2\,000 \pm 9.94$$

即 $(1\,990.06, 2\,009.94)$。

计算结果表明，在 95.45% 的置信水平下，这批电阻平均通电时间的范围为 $1\,990.06 \sim 2\,009.94$ 小时。

(2) 如果要求最大允许误差不超过 15 小时，即 $\Delta_{\bar{x}} \leqslant 15$，则这批电阻平均通电时间的范围为 $1\,985 \sim 2\,015$ 小时。

$$z_{\alpha/2} = \frac{\Delta_{\bar{x}}}{\sigma_{\bar{x}}} = \frac{15}{4.97} = 3.02$$

查正态分布表可知 $1-\alpha = 99.93\%$。

计算结果表明，该批电阻的平均通电时间范围为 $1\,985 \sim 2\,015$，其置信水平为 99.93%。

6. 【答案】

(1) 50 名工人的平均月产量为：

$$\bar{x} = \frac{\sum xf}{\sum f} = \frac{3\,810}{50} = 76.2(\text{件})$$

(2) 50 名工人日产量的标准差，即样本标准差为：

$$s = \sqrt{\frac{\sum (x-\bar{x})^2 f}{\sum f - 1}} = \sqrt{\frac{8\,788}{50-1}} = 13.39(\text{件})$$

(3) 不重复抽样下样本均值的抽样平均误差为：

$$\sigma_{\bar{x}} = \sqrt{\frac{\sigma^2}{n}\left(1-\frac{n}{N}\right)} = \sqrt{\frac{13.39^2}{50}\left(1-\frac{50}{1\,385}\right)} = 1.86(\text{件})$$

(4) 对于置信水平 $1-\alpha = 0.95$，查正态分布表，可知 $z_{\alpha/2} = 1.96$。则总体均值的置信区间为：

$$\bar{x} \pm z_{\alpha/2}\sigma_{\bar{x}} = 76.2 \pm 1.96 \times 1.86 = 76.2 \pm 3.65$$

即 $(72.55, 79.85)$。

计算结果表明，在 95% 的置信水平下，该厂工人的月平均产量的置信区间为 $72.55 \sim 79.85$ 件。

第六章 假设检验

第一部分 内容概要

一、假设检验概述

(一) 假设检验的基本思想

假设检验是抽样推断的另一种方式,是先对总体参数提出某种假设,然后利用样本信息判断假设是否成立的统计分析方法。假设检验的基本思想是"小概率事件"原理,其统计推断方法是带有某种概率性质的反证法。

(二) 原假设与备择假设

在假设检验中,首先需要提出两种假设,即原假设和备择假设。

(1) 原假设也称零假设,它通常是研究者想收集证据予以推翻的假设,用 H_0 表示。原假设所表达的含义是参数没有发生变化或变量之间没有关系。

(2) 备择假设通常是指研究者想收集证据予以支持的假设,用 H_1 表示。备择假设所表达的含义是总体参数发生了变化或变量之间有某种关系。

原假设和备择假设是一个完备事件组,而且相互对立。在建立假设时,通常是先确定备择假设,然后再确定原假设。

(三) 假设检验的基本形式

设 μ 为总体参数(这里代表总体均值),μ_0 为假设的总体参数的具体数值,可将假设检验的基本形式总结如表 6-1 所示。

表 6-1　　　　　　　　　　假设检验的基本形式

假设	双侧检验	单侧检验	
		左侧检验	右侧检验
原假设	$H_0: \mu = \mu_0$	$H_0: \mu \geqslant \mu_0$	$H_0: \mu \leqslant \mu_0$
备择假设	$H_1: \mu \neq \mu_0$	$H_1: \mu < \mu_0$	$H_1: \mu > \mu_0$

(四) 假设检验的两类错误与显著性水平

假设检验中的结果有四种情形,如表 6-2 所示。

表 6-2　　　　　　　　　　　假设检验的四种可能结果

决策结果	实际情形	
	H_0 正确	H_0 不正确
未拒绝 H_0	正确决策	第Ⅱ类错误 β
拒绝 H_0	第Ⅰ类错误 α	正确决策

假设检验过程中可能发生以下两类错误。

(1) 当原假设正确时拒绝原假设,所犯的错误称为第Ⅰ类错误,又称弃真错误。犯第Ⅰ类错误的概率通常记为 α,因此也被称为 α 错误。

(2) 当原假设错误时没有拒绝原假设,所犯的错误称为第Ⅱ类错误,又称取伪错误。犯第Ⅱ类错误的概率通常记为 β,因此也被称为 β 错误。

假设检验中,犯第Ⅰ类错误的概率 α 称为显著性水平,它是事先规定的犯第Ⅰ类错误概率的最大允许值。实际中常用的显著性水平有 0.01,0.05,0.1 等。

(五) 假设检验的步骤

(1) 建立原假设与备择假设。

(2) 确定适当的检验统计量,并计算其数值。

(3) 确定显著性水平 α,确定拒绝区域。

(4) 进行统计决策。

进行统计决策时可以采用两种方法:临界值法和 P 值法。

(1) 临界值法。临界值法是将计算出的检验统计量的值与临界值比较,从而判定接受或拒绝原假设,完成假设检验。用临界值法决策的准则为:①双侧检验时,|统计量的值|＞临界值,拒绝原假设 H_0;②左侧检验时,统计量的值＜－临界值,拒绝原假设 H_0;③右侧检验时,统计量的值＞临界值,拒绝原假设 H_0。

(2) P 值法。P 值是指当原假设为真时,检验统计量超出具体样本观测值的概率,也称为观察到的显著性水平。用 P 值进行决策的准则为:①如果 P 值＜α,则在显著性水平 α 下拒绝原假设;②如果 P 值＞α,则在显著性水平 α 下接受原假设。

二、总体均值的假设检验

(一) 大样本情形下总体均值的检验

在大样本情形下,一个总体均值假设检验的假设形式及检验统计量如表 6-3 所示。

表 6-3　　　　　　　　大样本情形下一个总体均值的检验方法

	双侧检验	左侧检验	右侧检验
假设形式	$H_0: \mu = \mu_0$ $H_1: \mu \neq \mu_0$	$H_0: \mu \geq \mu_0$ $H_1: \mu < \mu_0$	$H_0: \mu \leq \mu_0$ $H_1: \mu > \mu_0$

(续表)

	双侧检验	左侧检验	右侧检验
检验统计量	σ 已知:$z=\dfrac{\bar{x}-\mu_0}{\sigma/\sqrt{n}}$；$\sigma$ 未知:$z=\dfrac{\bar{x}-\mu_0}{s/\sqrt{n}}$；		
α 与拒绝域	$\lvert z \rvert > z_{\alpha/2}$	$z < -z_\alpha$	$z > z_\alpha$
P 值决策	$P < \alpha$，拒绝 H_0		

(二) 小样本情形下总体均值的检验

在小样本情形下，一个总体均值假设检验的假设形式及检验统计量如表 6-4 所示。

表 6-4　　　　　　　　小样本情形下一个总体均值的检验方法

	双侧检验	左侧检验	右侧检验
假设形式	$H_0: \mu = \mu_0$ $H_1: \mu \neq \mu_0$	$H_0: \mu \geqslant \mu_0$ $H_1: \mu < \mu_0$	$H_0: \mu \leqslant \mu_0$ $H_1: \mu > \mu_0$
检验统计量	σ 已知:$z=\dfrac{\bar{x}-\mu_0}{\sigma/\sqrt{n}}$；$\sigma$ 未知:$t=\dfrac{\bar{x}-\mu_0}{s/\sqrt{n}}$；		
α 与拒绝域	σ 已知:$\lvert z \rvert > z_{\alpha/2}$ σ 未知:$\lvert t \rvert > t_{\frac{\alpha}{2}}(n-1)$	σ 已知:$z < -z_\alpha$ σ 未知:$t < -t_\alpha(n-1)$	σ 已知:$z > z_\alpha$ σ 未知:$t > t_\alpha(n-1)$
P 值决策	$P < \alpha$，拒绝 H_0		

三、总体比例的假设检验

在大样本情形下，一个总体比例假设检验的假设形式及检验统计量如表 6-5 所示。

表 6-5　　　　　　　　大样本情形下一个总体比例的检验方法

	双侧检验	左侧检验	右侧检验
假设形式	$H_0: \pi = \pi_0$ $H_1: \pi \neq \pi_0$	$H_0: \pi \geqslant \pi_0$ $H_1: \pi < \pi_0$	$H_0: \pi \leqslant \pi_0$ $H_1: \pi > \pi_0$
检验统计量	$z = \dfrac{p - \pi_0}{\sqrt{\dfrac{\pi_0(1-\pi_0)}{n}}}$		
α 与拒绝域	$\lvert z \rvert > z_{\alpha/2}$	$z < -z_\alpha$	$z > z_\alpha$
P 值决策	$P < \alpha$，拒绝 H_0		

四、总体方差的假设检验

一个总体方差假设检验的假设形式及检验统计量如表 6-6 所示。

表 6-6　　　　　　　　一个总体方差的检验方法

	双侧检验	左侧检验	右侧检验
假设形式	$H_0: \sigma^2 = \sigma_0^2$ $H_1: \sigma^2 \neq \sigma_0^2$	$H_0: \sigma^2 \geqslant \sigma_0^2$ $H_1: \sigma^2 < \sigma_0^2$	$H_0: \sigma^2 \leqslant \sigma_0^2$ $H_1: \sigma^2 > \sigma_0^2$
检验统计量		$\chi^2 = \dfrac{(n-1)s^2}{\sigma_0^2}$	

第二部分　练　习　题

一、单项选择题

1. 对总体参数提出某种假设,然后利用样本信息判断假设是否成立的过程称为(　　)。

　　A. 参数估计　　　B. 双侧检验　　　C. 单侧检验　　　D. 假设检验

2. 假设检验的基本思想可用(　　)来解释。

　　A. 中心极限定理　B. 置信区间　　　C. 小概率事件　　D. 正态分布的性质

3. 假设检验是检验对(　　)的假设值是否成立。

　　A. 样本指标　　　B. 总体指标　　　C. 样本方差　　　D. 总体均值

4. 一个好的假设检验,理想的情况是(　　)。

　　A. α 与 β 都大　B. α 小,β 大　C. α 大,β 小　D. α 与 β 都小

5. 对于小概率事件原理,正确的说法是(　　)。

　　A. 小概率事件在一次观察中是不可能发生的

　　B. 大多数情况下,小概率事件在一次观察中是不会发生的

　　C. 若在一次观察中发生了小概率事件,合理的想法是否定原有事件具有小概率的说法

　　D. 若在一次观察中发生了小概率事件,并不能否定原有事件具有小概率的说法

6. 在原假设成立的条件下,假设检验所规定的小概率标准是(　　)。

　　A. 临界值　　　　B. 显著性水平　　C. 置信度　　　　D. 接受度

7. 将由显著性水平所规定的拒绝域平分为两部分,置于概率分布的两边,每边占有 $\alpha/2$,这是(　　)。

A. 单侧检验 B. 右侧检验 C. 左侧检验 D. 双侧检验

8. （　　）属于左侧检验。

A. $H_0: \mu = \mu_0$; $H_1: \mu \neq \mu_0$
B. $H_0: \mu \geq \mu_0$; $H_1: \mu < \mu_0$
C. $H_0: \mu \leq \mu_0$; $H_1: \mu > \mu_0$
D. $H_0: \mu > \mu_0$; $H_1: \mu \leq \mu_0$

9. 某广告制作商声称有30％以上的看过此广告的电视观众喜欢此广告。为了证明这一声明属实，对抽样调查结果进行了检验。这一假设检验应采用（　　）。

A. 双侧检验 B. 单侧检验 C. 左侧检验 D. 右侧检验

10. 假设职工用于上下班路途的时间服从正态分布，经抽样调查得知这一时间为1.2小时。调查人员根据以往的调查经验，认为这一时间与往年没有多大变化。为了证实这一看法，需要采取的假设检验方法是（　　）。

A. 双侧检验 B. 单侧检验 C. 左侧检验 D. 右侧检验

11. 假设检验时，如果增大样本容量，则犯两类错误的概率（　　）。

A. 都增大 B. 都减小
C. 都不变 D. 一个增大一个减小

12. 在统计检验中，那些不大可能的结果称为（　　）。如果这类结果真的发生了，我们将否定原假设。

A. 检验统计量 B. 显著性水平 C. 接受域 D. 拒绝域

13. 假设检验中，由于抽样偶然性，拒绝了实际上成立的原假设 H_0，则（　　）。

A. 犯第Ⅰ类错误 B. 犯第Ⅱ类错误 C. 推断正确 D. 两类错误均犯

14. 在假设检验中，原假设和备择假设（　　）。

A. 都有可能成立 B. 都有可能不成立
C. 只有一个成立而且必有一个成立 D. 原假设一定成立，备择假设不一定成立

15. 在假设检验中，原假设 H_0，备择假设 H_1，则称（　　）为犯第二类错误。

A. H_0 为真，接受 H_0 B. H_0 为真，拒绝 H_0
C. H_0 为假，接受 H_0 D. H_0 为假，拒绝 H_0

16. 在样本容量一定的条件下（　　）。

A. 缩小显著性水平，就缩小了拒绝域，从而增加犯第一类错误的可能性
B. 缩小显著性水平，就缩小了拒绝域，从而减少犯第二类错误的可能性
C. 扩大显著性水平，就扩大了拒绝域，从而增加犯第一类错误的可能性
D. 扩大显著性水平，就扩大了接受域，从而减少犯第一类错误的可能性

17. 某经济特区对某项地方性法规进行民意测验，执法机关认为只有60％的居民赞成该项法规，而立法机关则怀疑这个看法，而相信有60％以上的居民赞成，现在准备抽选400名居民进行实际调查以验证自己的看法。这应该取（　　）为检验统计量。

A. 标准正态分布 B. 卡方分布 C. t 分布 D. F 分布

18. 当样本统计量的观测值未落入原假设的拒绝域时,表示( )。
    A. 可以放心接受原假设　　　　　　B. 没有充足的理由否定原假设
    C. 没有充足的理由否定备择假设　　D. 备择假设是错误的

19. 进行假设检验时,在样本量一定的条件下,犯第Ⅰ类错误的概率减小,犯第Ⅱ类错误的概率就会( )。
    A. 减小　　　B. 增大　　　C. 不变　　　D. 不确定

20. 进行右侧检验时,利用 P 值进行判断,拒绝原假设的条件是( )。
    A. P 值小于 α　　B. P 值大于 α　　C. P 值小于 β　　D. P 值大于 β

21. 假设检验的 P 值表示( )。
    A. 正确决策的概率　　　　　　　　B. 错误决策的概率
    C. 给定的显著性水平　　　　　　　D. 观察到的显著性水平

22. 某厂生产的化纤纤度服从正态分布,纤维纤度的标准均值为 1.40。某天测得 25 根纤维的纤度均值为 1.39,如果要在 0.05 的显著性水平下,检验与原来设计的标准均值相比是否有所下降,则下列正确的假设形式是( )。
    A. $H_0: \mu=1.40, H_1: \mu \neq 1.40$　　B. $H_0: \mu \leqslant 1.40, H_1: \mu > 1.40$
    C. $H_0: \mu < 1.40, H_1: \mu \geqslant 1.40$　　D. $H_0: \mu \geqslant 1.40, H_1: \mu < 1.40$

23. 一项研究表明,司机驾车时因接打手机而发生事故的比例超过 20%,用来检验这一结论的原假设和备择假设应为( )。
    A. $H_0: \mu \leqslant 20\%, H_1: \mu > 20\%$　　B. $H_0: \pi = 20\%, H_1: \pi \neq 20\%$
    C. $H_0: \pi \leqslant 20\%, H_1: \pi > 20\%$　　D. $H_0: \pi \geqslant 20\%, H_1: \pi < 20\%$

24. 若检验的假设为 $H_0: \mu \geqslant \mu_0, H_1: \mu < \mu_0$,则拒绝域为( )。
    A. $z > z_\alpha$　　　　　　　　　B. $z < -z_\alpha$
    C. $z > z_{\alpha/2}$　　　　　　　D. $z > z_\alpha$ 或 $z < -z_\alpha$

25. 下列几个数值中,检验的 P 值为哪个值时,拒绝原假设的理由最充分( )。
    A. 95%　　　B. 50%　　　C. 5%　　　D. 2%

26. 若一项假设规定显著性水平为 $\alpha=0.05$,下列表述正确的是( )。
    A. 接受 H_0 时的可靠性为 95%　　　B. 接受 H_1 时的可靠性为 95%
    C. H_0 为假时被接受的概率为 5%　　D. H_1 为真时被拒绝的概率为 5%

27. 如果某项假设检验的结论在 0.05 的显著性水平下是显著的,即在 0.05 的显著性水平下拒绝了原假设,则下列错误的说法是( )。
    A. 在 0.10 的显著性水平下必定也是显著的
    B. 在 0.01 的显著性水平下不一定具有显著性
    C. 原假设为真时拒绝原假设的概率为 0.05
    D. 检验的 P 值大于 0.05

28. 在一次假设检验中,当显著性水平 $\alpha=0.01$,原假设被拒绝,那么用 $\alpha=0.05$ 时,下列说法正确的是(　　)。

　　A. 原假设一定会被拒绝　　　　　B. 原假设一定不会被拒绝

　　C. 需要重新检验　　　　　　　　D. 有可能拒绝原假设

29. 下列各项中,适合使用 t 检验统计量的是(　　)。

　　A. 样本为大样本,且总体方差已知　　B. 样本为小样本,且总体方差已知

　　C. 样本为小样本,且总体方差未知　　D. 样本为大样本,且总体方差未知

30. 若检验的假设为 $H_0:\mu\leqslant\mu_0$,$H_1:\mu>\mu_0$,则拒绝域为(　　)。

　　A. $z>z_\alpha$　　　　　　　　　　B. $z<-z_\alpha$

　　C. $z>z_{\alpha/2}$　　　　　　　　D. $z>z_\alpha$ 或 $z<-z_\alpha$

二、多项选择题

1. 下列关于假设检验的陈述中,正确的有(　　)。

　A. 假设检验实质上是对原假设进行检验

　B. 假设检验实质上是对备择假设进行检验

　C. 当拒绝原假设时,只能认为肯定它的根据尚不充分,而不是认为它绝对错误

　D. 假设检验并不是根据样本结果简单地判断原假设和备择假设哪一个更有可能正确

2. 在假设检验中,当检验统计量的观测值未落入原假设的拒绝域时,表示(　　)。

　　A. 没有充足的理由否定原假设　　　B. 原假设是成立的

　　C. 可以完全地接受原假设　　　　　D. 检验的 P 值较大

3. 选择一个合适的检验统计量是假设检验中必不可少的一个步骤,其中"合适"实质上是指(　　)。

　A. 选择的检验统计量应与原假设有关

　B. 选择的检验统计量应与备择假设有关

　C. 在原假设为真时,所选的检验统计量的抽样分布已知

　D. 所选的检验统计量的抽样分布已知,不含未知参数

4. 下列关于 t 检验的说法正确的有(　　)。

　A. t 检验实际是解决大样本均值的检验问题

　B. t 检验实际是解决小样本均值的检验问题

　C. t 检验适用于任何总体分布

　D. t 检验对正态总体适用

5. 依据 P 值作统计决策时,若 P 值大于显著性水平,则(　　)。

　A. 拒绝原假设

　B. 所检验因素对因变量观测值没有显著影响

C. 不拒绝原假设

D. 所检验因素对因变量观测值有显著影响

6. 下列关于检验统计量的说法正确的有（　　）。

A. 检验统计量是样本的函数

B. 检验统计量包含未知总体参数

C. 检验统计量可以包含已知总体参数

D. 在原假设成立的前提下检验统计量的分布是明确可知的

7. 在假设检验中，关于 α 与 β 的关系，下列说法正确的有（　　）。

A. α 与 β 绝对不可能同时减少

B. 只能控制 α，不能控制 β

C. 在其他条件不变的情况下，增大 α，必然会减少 β

D. 增加样本容量可以同时减少 α 与 β

8. 关于显性水平，以下表述正确的有（　　）。

A. 假设检验事先规定的小概率标准

B. 实际上是犯第Ⅰ类错误的概率

C. 实际上是犯第Ⅱ类错误的概率

D. 就是检验接受域和拒绝域的分界点

9. 对正态总体 $N(\mu, \sigma^2)$，σ^2 已知的情况下，关于 $H_0: \mu \leqslant \mu_0$，$H_1: \mu > \mu_0$ 的检验问题。在显著性水平 $\alpha=0.05$ 下做出接受原假设的结论。那么在显著性水平 $\alpha=0.01$ 下，按上述检验方案结论错误的有（　　）。

A. 接受原假设　　　　　　　　　B. 可能接受原假设

C. 可能拒绝原假设　　　　　　　D. 不接受也不拒绝原假设

10. 下列问题可以用 Z 检验的有（　　）。

A. 正态总体均值的检验，方差已知

B. 小样本下正态总体均值的检验，方差未知

C. 大样本下总体均值的检验

D. 大样本下总体比例的检验

三、判断题

1. 统计检验可以帮助我们否定一个假设，却不能帮助我们肯定一个假设。　　（　　）

2. 与原假设相对立的假设是备择假设，用 H_1 表示。　　（　　）

3. 当备择假设为 $H_1: \mu < \mu_0$，则此时的假设检验称为右侧检验。　　（　　）

4. 在假设检验中，原假设和备择假设的地位是不对等的。　　（　　）

5. 在拒绝 H_0 的前提下，若增大 α 的水平，有可能变为接受 H_0。　　（　　）

6. 根据同一样本对某一总体参数进行左侧检验时,结论为"不能拒绝原假设"。但将原假设与备择假设互换方向之后,检验结果就是"拒绝原假设"。（ ）

7. P 值表示样本信息对原假设的支持程度。（ ）

8. 右侧检验中,如果 P 值 $< \alpha$,则拒绝 H_0。（ ）

9. 当样本容量固定时,不可能同时减少第Ⅰ类错误和第Ⅱ类错误。（ ）

10. 对一个总体比例检验的充分必要条件是样本必须是大样本。（ ）

11. 有个研究者猜测某贫困失学儿童中女孩数是男孩数的 3 倍以上。为了对他的这一项猜测进行检验,拟随机抽取 50 个失学儿童构成样本。那么原假设应该设为 $H_0: \pi \leqslant 1/3$。（ ）

12. 显著性水平 α 是对多大的概率才算小概率的量化描述。（ ）

13. 在假设检验中,P 值越小,说明实际观测到的数据与 H_0 之间不一致的程度就越大,检验的结果就越显著。（ ）

14. 检验统计量包含未知总体参数。（ ）

15. 显著性水平 α 越小,表示检验结论犯错误的可能性越小。（ ）

16. 假设检验与区间估计的主要区别之一是：在假设检验中,人们更关注小概率事件是否发生；而区间估计立足于以大概率进行推断。（ ）

四、思考题

1. 第Ⅰ类错误和第Ⅱ类错误分别指的是什么？它们发生的概率大小之间存在怎样的关系？
2. 统计上显著性的含义是什么？
3. 什么是假设检验？假设检验的基本原理是什么？
4. 假设检验的步骤是什么？
5. 什么是检验统计量？

五、计算分析题

1. 企业在自动化流水生产线上生产食品饼干,质量要求为每袋重量 255 g。已知袋装饼干重量服从正态分布,标准差为 5 g。为检验某批次饼干在包装重量方面是否符合要求,质检人员在每天生产的产品中随机抽取 40 袋进行检验,测得每袋平均重量为 255.8 g。

要求：请在显著性水平 $\alpha = 0.05$ 条件下,判断该企业的饼干袋装是否符合质量管理体系中的重量标准要求。

2. 某地研究者随机选取了 2 205 名年龄在 12～19 岁的当地青少年进行心血管应激实验,实验结果表明,在所有的测试者中,有 750 名青少年的心血管处于亚健康水平。

要求：请在显著性水平 $\alpha = 0.05$ 条件下,判断该地区是否有超过 30% 的青少年心血管处于亚健康状态。

3. 假定某商店中一种商品的日销售量服从正态分布,方差未知,根据以往经验,该商品每日平均销售量为 60 件。该商店在某一周中进行了一次促销活动,其一周的销售量数据分别为:64、57、49、81、76、70、58。

要求:请以 0.01 的显著性水平判断该促销活动是否有效。

4. 某电视台的收视率基本保持在 30%,为了检验该电视台的收视率情况,在最近的一次电视收视率调查中,随机调查了 400 人,其中有 100 人收看了该电视台节目。

要求:请在显著性水平 $\alpha=0.05$ 条件下,判断该电视台的收视率是否仍保持原有水平。

5. 某一小麦品种的平均产量为每公顷 5 200 公斤。一家研究机构对小麦品种进行了改良,以期提高产量。为检验改良后的新品种产量是否有显著提高,随机抽取 36 块地进行试种,得到的样本平均产量为每公顷 5 275 公斤,标准差为每公顷 120 公斤。

要求:请以 0.05 的显著性水平检验改良后的新品种产量是否有显著提高。

第三部分 参考答案

一、单项选择题

1. 【答案】 D

    【解析】 假设检验是抽样推断的另一种方式,是先对总体参数提出某种假设,然后利用样本信息判断假设是否成立的统计分析方法。

2. 【答案】 C

    【解析】 假设检验的基本思想是"小概率事件"原理,其统计推断方法是带有某种概率性质的反证法。

3. 【答案】 B

    【解析】 假设检验是先对总体参数(又称总体指标)提出某种假设,然后再利用样本信息判断假设是否成立。

4. 【答案】 D

    【解析】 假设检验时,理想的情况是使 α 和 β 都小。要使两者同时减小的唯一办法是增加样本容量,但样本容量的增加又会受许多因素的限制,所以只能在两类错误的发生概率之间进行平衡,以使 α 和 β 控制在能够接受的范围内。

5. 【答案】 B

    【解析】 小概率事件原理是指小概率事件在一次试验中基本上不会发生,但并不是绝对不会发生。假设检验中,为了检验一个假设是否正确,首先假定该假设正确,然后根据样本对假设做出接受或拒绝的决策。如果样本观察值导致了"小概率事件"发生,就应拒绝假设,否则应接受假设,所以在一次观察中发生了小概率事件并不能肯定或否定原有事件是否具有小概率的说法。

6. 【答案】 B

   【解析】 假设检验所规定的小概率标准是显著性水平α。

7. 【答案】 D

   【解析】 双侧检验将拒绝域分为两部分,单侧检验的拒绝域只有一部分。

8. 【答案】 B

   【解析】 如果备择假设具有特定的方向性,并含有符号">"或"<",这样的假设检验称为单侧(边、尾)检验。在单侧检验中,由于研究者感兴趣的方向不同,又可分为左侧检验和右侧检验。如果研究者感兴趣的备择假设的方向为"<",称为左侧检验。

9. 【答案】 D

   【解析】 研究者想收集证据予以支持的假设是"有30%以上的看过此广告的电视观众喜欢此广告"。因此建立的备择假设应为$H_1:\pi > 30\%$,研究者感兴趣的备择假设的方向为">",这属于右侧检验。

10. 【答案】 A

    【解析】 研究者想收集证据予以支持的假设是"职工用于上下班路途的时间没有多大变化"。因此建立的备择假设应为$H_1:\mu \neq 1.2$,备择假设没有特定的方向性,并含有符号"$\neq$",这样的假设检验称为双侧(边、尾)检验。

11. 【答案】 B

    【解析】 假设检验中,要使α和β同时减小的唯一办法是增加样本容量。

12. 【答案】 D

    【解析】 能够拒绝原假设的检验统计量的所有可能取值的集合,称为拒绝区域。拒绝区域就是由显著性水平α所围成的区域。如果利用样本观测结果计算出来的检验统计量的具体数值落在了拒绝区域内,就拒绝原假设,否则就不拒绝原假设。

13. 【答案】 A

    【解析】 当原假设正确时拒绝原假设,所犯的错误称为第Ⅰ类错误。

14. 【答案】 C

    【解析】 原假设和备择假设是一个完备事件组,而且相互对立。这意味着,在一项假设检验中,原假设和备择假设必有一个成立,而且只有一个成立。

15. 【答案】 C

    【解析】 当原假设错误时没有拒绝原假设,所犯的错误称为第Ⅱ类错误。

16. 【答案】 C

    【解析】 拒绝区域是由显著性水平α所围成的区域。因此,在样本容量一定的情况下,显著性水平α与拒绝区域程正相关关系,显著性水平α缩小,拒绝区域就缩小,反之则扩大。犯第Ⅰ类错误的概率为显著性水平α,若显著性水平α缩小,犯第Ⅰ类错误的概率也就减少,反之则增加。

17. 【答案】 A

【解析】 在大样本情形下,统计量p近似服从正态分布,而统计量p标准化后则近似服从标准正态分布。

18. 【答案】 B

【解析】 如果利用样本观测结果计算出来的检验统计量的具体数值落在了拒绝区域内,就拒绝原假设,否则就不拒绝原假设,但不拒绝原假设并不代表就是完全接受原假设,而是表明没有充足的理由否定原假设。

19. 【答案】 B

【解析】 在样本容量一定的情况下,要减少犯第Ⅰ类错误的概率,犯第Ⅱ类错误的概率就会增大,而要减少犯第Ⅱ类错误的概率又会增大犯第Ⅰ类错误的概率,两类错误就像一个跷跷板。

20. 【答案】 A

【解析】 用P值进行决策的准则具体为:如果P值$<\alpha$,则在显著性水平α下拒绝原假设;如果P值$>\alpha$,则在显著性水平α下接受原假设。

21. 【答案】 D

【解析】 P值是指当原假设为真时,检验统计量超出具体样本观测值的概率,也称为观察到的显著性水平。

22. 【答案】 D

【解析】 在假设检验中,原假设和备择假设是对立的,只要确定了备择假设,原假设就很容易确定出来。而备择假设通常是指研究者想收集证据予以支持的假设。该检验想要搜集证据予以支持的观点是"现在与原来设计的标准均值相比有所下降",所以备择假设为$H_1:\mu<1.40$,那么原假设为$H_0:\mu\geq 1.40$。

23. 【答案】 C

【解析】 该检验想要搜集证据予以支持的观点是"司机驾车时因接打电话而发生事故的比例超过20%",所以备择假设为$H_1:\pi>20\%$,那么原假设为$H_0:\pi\leq 20\%$。

24. 【答案】 B

【解析】 若检验假设为$H_0:\mu\geq\mu_0$,$H_1:\mu<\mu_0$,为左侧检验,左侧检验的拒绝区域为$z<-z_\alpha$。

25. 【答案】 D

【解析】 P值是反映实际观测到的数据与原假设之间不一致程度的一个概率值。P值越小,说明实际观测到的数据与原假设之间不一致的程度就越大,检验的结果也就越显著,拒绝原假设的理由越充分。

第六章 假设检验

26. 【答案】 B

    【解析】 当原假设正确时拒绝原假设,所犯的错误称为第Ⅰ类错误,犯第Ⅰ类错误的概率通常记为α。也就是说,当$\alpha=0.05$时,H_0为真时被拒绝的概率为5%,或者是接受H_1时的可靠性是95%。

27. 【答案】 D

    【解析】 在0.05的显著性水平下拒绝了原假设,说明P值小于0.05,那么P值肯定也小于0.1,所以在0.1的显著性水平下必定也是显著的;但在0.01的显著性水平下不一定是显著的。显著性水平为0.05,代表原假设为真时拒绝原假设的概率为0.05。

28. 【答案】 A

    【解析】 当显著性水平$\alpha=0.01$,原假设被拒绝,那么P值小于0.01,肯定也小于0.05,所以当$\alpha=0.05$时,一定会拒绝原假设。

29. 【答案】 C

    【解析】 大样本情形下,不管总体方差是否一直均采用Z检验统计量,小样本情形下,如果方差未知用t检验统计量,方差已知用Z检验统计量。

30. 【答案】 A

    【解析】 若检验的假设为$H_0:\mu\leq\mu_0$,$H_1:\mu>\mu_0$,为右侧检验,右侧检验的拒绝域为$z>z_\alpha$。

二、多项选择题

1. 【答案】 ACD

   【解析】 假设检验实质上是对原假设进行检验而不是备择假设,但是在研究中,研究者想搜集证据予以支持的是备择假设。

2. 【答案】 ABD

   【解析】 如果检验的统计量观测值未落入拒绝区域,说明原假设成立,但不代表可以完全接受原假设,只是说没有充分的理由拒绝原假设。原假设成立,说明检验的P较大,大于α。

3. 【答案】 ACD

   【解析】 合适的检验统计量应该是与原假设有关而非备择假设。

4. 【答案】 BD

   【解析】 t检验解决的是小样本方差未知时总体均值的检验,适用于正态总体。

5. 【答案】 BC

   【解析】 根据P值进行统计决策时,若P值大于显著性水平,说明应接受原假设,所检验因素对因变量观测值没有显著影响。

6. 【答案】 ACD

【解析】 检验统计量不能包括未知总体参数。

7. 【答案】 CD

   【解析】 在样本容量一定的情况下,要减少α就会使β增大,而要减少β又会使α增大,两类错误就像一个跷跷板。要使α和β同时减小的唯一办法是增加样本容量。

8. 【答案】 AB

   【解析】 选项 C,犯第Ⅱ类错误的概率通常记为β。 选项 D,检验接受域和拒绝域的分界点是临界值。

9. 【答案】 BCD

   【解析】 在显著性水平 0.05 下接受原假设,说明 P 值大于 0.05,那么也肯定大于 0.01,所以在 0.01 的显著性水平下也是接受原假设。

10. 【答案】 ACD

    【解析】 小样本下总体均值检验,如果方差未知应采用 t 检验。

三、判断题

1. 【答案】 √
2. 【答案】 √
3. 【答案】 ×

   【解析】 右侧检验是指研究者感兴趣的备择假设的方向为">",所以该题目中的假设检验为左侧检验。

4. 【答案】 √

   【解析】 原假设和备择假设是一个完备事件组,而且相互对立。

5. 【答案】 ×

   【解析】 拒绝原假设,说明 P 值小于α,不管α怎么增大,P 值均小于α,都应该拒绝原假设。

6. 【答案】 ×

   【解析】 互换方向后结果还是不能拒绝原假设。

7. 【答案】 √
8. 【答案】 √
9. 【答案】 √

   【解析】 在样本量一定时,犯第Ⅰ类错误的可能性越小,犯第Ⅱ类错误的可能性就随之增大,两者是反方向变动的。

10. 【答案】 √
11. 【答案】 ×

    【解析】 总体比例是指总体中具有某种相同特征的个体所占的比例。该检验想予以证明的是"某贫困失学儿童中女孩数是男孩数的3倍以上",也就是"女孩数占总失学儿童数的比例大于3/4",则备择假设为 $H_1: \pi > 3/4$,原假设为 $H_0: \pi \leqslant 3/4$;或者说"男孩数占总失学儿童数的比例小于1/4",则备择假设为 $H_1: \pi < 1/4$,原假设为 $H_0: \pi \geqslant 1/4$。

12.【答案】 √

13.【答案】 √

14.【答案】 ×

【解析】 检验统计量不能包含未知总体参数。

15.【答案】 ×

【解析】 显著性水平 α 越小,犯第Ⅰ类错误的可能性就越小,不能说明检验结论犯错误的可能性越小。

16.【答案】 √

四、思考题

1.【答案】

第Ⅰ类错误是指原假设为真时拒绝原假设而犯的错误,其概率记为 α。 第Ⅱ类错误是指原假设为假时未能拒绝原假设而犯的错误,其概率记为 β。

在假设检验中,我们很难保证上述两类错误都不犯。这两类错误的概率之间存在这样的关系:在样本容量一定的情况下,要减少 α 就会使 β 增大,而要减少 β 又会使 α 增大,两类错误就像一个跷跷板。人们自然希望犯两类错误的概率都尽可能小,但实际很难做到,要使 α 和 β 同时减小的唯一办法是增加样本容量。但样本容量的增加又会受许多因素的限制,所以只能在两类错误的发生概率之间进行平衡,以使 α 和 β 控制在能够接受的范围内。

2.【答案】

在假设检验中,我们对控制犯第一类错误的概率 α 称为显著性水平。统计上的显著性指的是运用样本推断的结论不是偶然成立的,存在一定的必然性。

3.【答案】

假设检验是抽样推断的另一种方式,是先对总体参数提出某种假设,然后利用样本信息判断假设是否成立的统计分析方法。

假设检验的基本思想是"小概率事件"原理,其统计推断方法是带有某种概率性质的反证法。小概率原理是指小概率事件在一次试验中基本上不会发生。反证法思想是先提出检验假设,再用适当的统计方法,利用小概率原理,确定假设是否成立。也就是说为了检验一个假设是否正确,首先假定该假设正确,然后根据样本对假设做出接受或拒绝的决策。如果样本观察值导致了"小概率事件"发生,就应拒绝假设,否则应接受假设。

4.【答案】

(1)建立原假设与备择假设。

(2) 确定适当的检验统计量,并计算其数值。

(3) 确定显著性水平 α,确定拒绝区域。

(4) 进行统计决策。进行统计决策时可以采用两种方法:临界值法和 P 值法。

临界值法。临界值法是将计算出的检验统计量的值与临界值比较,从而判定接受或拒绝原假设,完成假设检验。临界值法决策准则为:①双侧检验时,|统计量的值|>临界值,拒绝原假设 H_0;②左侧检验时,统计量的值<−临界值,拒绝原假设 H_0;③右侧检验时,统计量的值>临界值,拒绝原假设 H_0。

P 值法。P 值是指当原假设为真时,检验统计量超出具体样本观测值的概率,也称为观察到的显著性水平。用 P 值进行决策的准则具体为:①如果 P 值<α,则在显著性水平 α 下拒绝原假设;②如果 P 值>α,则在显著性水平 α 下接受原假设。

5.【答案】

在参数的假设检验中,如同在参数估计中一样,要借助样本统计量进行统计推断,这个统计量称为检验统计量。选择哪个统计量作为检验统计量需要考虑许多因素。例如,检验的是什么参数,总体的分布形状是否已知,进行检验的样本是大样本还是小样本,总体标准差 σ 已知还是未知,等等。这些因素与参数估计中确定统计量所考虑的因素相同。常用的检验统计量有 z 统计量、t 统计量、F 统计量等。

五、计算分析题

1.【答案】

(1) 根据题意,提出原假设和备择假设:

$$H_0: \mu = 255$$
$$H_1: \mu \neq 255$$

(2) 确定检验统计量并计算其数值。已知 $\mu_0 = 255 \text{ g}$,$\sigma = 5 \text{ g}$,$\bar{x} = 255.8 \text{ g}$。因为 $n > 30$,故选用 z 统计量。

$$z = \frac{\bar{x} - \mu_0}{\sigma/\sqrt{n}} = \frac{255.8 - 255}{5/\sqrt{40}} = 1.01$$

(3) 根据给定的显著性水平 $\alpha = 0.05$,确定临界值。拒绝区域的概率为 0.05,所以接受区域的概率为 $1 - \alpha = 0.95$,查正态分布表得 $z_{\alpha/2} = 1.96$。

(4) 进行决策判断。

因为 $|z| = 1.01 < z_{\alpha/2} = 1.96$,不能拒绝原假设 H_0。因此,在 0.05 的显著性水平下,样本提供的数据不能证明该批次生产的袋装饼干不符合重量标准。

2.【答案】

(1) 根据题意,提出原假设和备择假设。

$$H_0: \pi \leqslant 30\%$$
$$H_1: \pi > 30\%$$

(2) 确定检验统计量并计算其数值。由于 $n\pi_0 = 2\,205 \times 30\% = 661.5$，$n(1-\pi_0) = 2\,205 \times (1-30\%) = 1\,543.5$，均大于5，所以选用 z 统计量。

$$p = \frac{750}{2\,205} = 0.34$$

$$z = \frac{p-\pi_0}{\sqrt{\dfrac{\pi_0(1-\pi_0)}{n}}} = \frac{0.34-0.3}{\sqrt{\dfrac{0.3\times(1-0.3)}{2\,205}}} = 4.10$$

(3) 根据给定的显著性水平 $\alpha = 0.05$，确定临界值。当 $\alpha = 0.05$ 时，查正态分布表得临界值 $z_\alpha = 1.65$。

(4) 进行决策判断。

因为 $z = 4.10 > z_\alpha = 1.65$，拒绝原假设 H_0。因此，在0.05的显著性水平下，可以认为该地区有超过30%的青少年心血管处于亚健康状态。

3. 【答案】

(1) 根据题意，提出原假设和备择假设：

$$H_0: \mu \leqslant 60$$
$$H_1: \mu > 60$$

(2) 确定检验统计量并计算其数值。

$$\bar{x} = \frac{\sum x}{n} = \frac{64+57+49+81+76+70+58}{7} = 65(件)$$

$$s = \sqrt{\frac{\sum(x-\bar{x})^2}{n-1}} = \sqrt{\frac{772}{7-1}} = 11.34(件)$$

已知 $\mu_0 = 60$，由于 $n = 7 < 30$，是小样本，且总体方差未知，故选用 t 统计量。

$$t = \frac{\bar{x}-\mu_0}{s/\sqrt{n}} = \frac{65-60}{11.34/\sqrt{7}} = 1.17$$

(3) 根据给定的显著性水平 $\alpha = 0.01$，确定临界值。当 $\alpha = 0.01$，自由度 $n-1 = 6$ 时，查 t 分布表得 $t_\alpha(n-1) = t_{0.01}(6) = 3.14$。

(4) 进行决策判断。

因为 $t = 1.17 < t_\alpha(n-1) = 3.14$，不能拒绝原假设 H_0。因此，在0.01的显著性水平

下,根据样本提供的数据,没有证据表明促销活动有效。

4. 【答案】

(1) 根据题意,提出原假设和备择假设:

$$H_0: \pi = 30\%$$
$$H_1: \pi \neq 30\%$$

(2) 确定检验统计量并计算其数值。由于 $n\pi_0 = 400 \times 30\% = 120$,$n(1-\pi_0) = 400 \times (1-30\%) = 280$,均大于 5,所以选用 z 统计量。

$$p = \frac{100}{400} = 25\%$$

$$z = \frac{p - \pi_0}{\sqrt{\frac{\pi_0(1-\pi_0)}{n}}} = \frac{0.25 - 0.3}{\sqrt{\frac{0.3 \times (1-0.3)}{400}}} = -2.18$$

(3) 根据给定的显著性水平 $\alpha = 0.05$,确定临界值。当 $\alpha = 0.05$ 时,查正态分布表得临界值 $z_{\alpha/2} = 1.96$。

(4) 进行决策判断。

因为 $|z| = 2.18 > z_{\alpha/2} = 1.96$,拒绝原假设 H_0。因此,在 0.05 的显著性水平下,认为该电视台的收视率不再保持原有水平。

5. 【答案】

(1) 根据题意,提出原假设和备择假设:

$$H_0: \mu \leqslant 5\,200$$
$$H_1: \mu > 5\,200$$

(2) 确定检验统计量并计算其数值。已知 $\mu_0 = 5\,200$,$s = 120$,$\bar{x} = 5\,275$。因为 $n = 36 > 30$,故选用 z 统计量。

$$z = \frac{\bar{x} - \mu_0}{s/\sqrt{n}} = \frac{5\,275 - 5\,200}{120/\sqrt{36}} = 3.75$$

(3) 根据给定的显著性水平 $\alpha = 0.05$,确定临界值。由于是右侧概率,根据给定的 α,查正态分布表得 $z_\alpha = 1.65$。

(4) 进行决策判断。

因为 $z = 3.75 > z_\alpha = 1.65$,拒绝原假设 H_0。因此,可以认为改良后的新产品产量有显著提高。

第七章 方差分析

第一部分 内容概要

一、方差分析概述

(一) 方差分析的概念及常用术语

方差分析又称变异数分析,旨在于通过检验多个总体的均值是否相等来判断一个或多个分类型自变量对数值型因变量是否有显著影响。

方差分析常用术语有因素、水平、观测值、交互作用。

(二) 与假设检验相比,应用方差分析的原因

(1) 假设检验过程烦琐。

(2) 假设检验无统一的试验误差,误差估计的精确性和检验的灵敏性低。

(3) 假设检验推断的可靠性低,检验的 I 型错误率大。

(三) 方差分析的前提和基本步骤

1. 方差分析的前提

(1) 样本是独立的随机样本。

(2) 各样本均来自正态总体。

(3) 总体方差具有齐性,即各总体方差相等。

2. 方差分析的基本步骤

(1) 提出假设。

(2) 构造检验统计量。

(3) 作出统计决策。

二、单因素方差分析

(一) 数据结构

进行单因素方差分析时,需要得到下面的数据结构,如表 7-1 所示。

表 7-1　　　　　　　　单因素方差分析的数据结构

观测值 (j)	因素			
	A_1	A_2	...	A_k
1	x_{11}	x_{12}		x_{1k}

(续表)

观测值 (j)	因素			
	A_1	A_2	⋯	A_k
2	x_{12}	x_{22}		x_{k2}
⋮	⋮	⋮		⋮
n	x_{1n}	x_{2n}		x_{kn}

单因素方差分析中,用 A 表示因素,因素的 k 个水平(总体)分别用 A_1, A_2, ⋯, A_k 表示,每个观测值用 X_{ij} ($i=1, 2, ⋯, k$; $j=1, 2, ⋯, n$) 表示,即 x_{ij} 表示第 i 个水平(总体)的第 j 个观测值。

(二) 关系强度的测量

$R^2 = \dfrac{SSA}{SST}$,其平方根 R 可以测量两个变量之间的关系强度。

三、双因素方差分析

(一) 无交互作用的双因素方差分析

1. 数据结构

双因素方差分析的数据结构,如表 7-2 所示。

表 7-2　　双因素方差分析的数据结构

		列因素 (j)				平均值
		列 1	列 2	⋯	列 r	
行因素 (i)	行 1	x_{11}	x_{12}	⋯	x_{1r}	$\bar{x}_{1·}$
	行 2	x_{21}	x_{22}	⋯	x_{2r}	$\bar{x}_{2·}$
	⋮	⋮	⋮		⋮	⋮
	行 k	x_{k1}	x_{k2}	⋯	x_{kr}	$\bar{x}_{k·}$
平均值		$\bar{x}_{·1}$	$\bar{x}_{·2}$	⋯	$\bar{x}_{·r}$	$\bar{\bar{x}}$

双因素方差分析中,行因素共有 k 个水平,列因素共有 r 个水平。每一个观测值 x_{ij} ($i=1, 2, ⋯, k$; $j=1, 2, ⋯, r$) 看作从由行因素的 k 个水平和列因素的 r 个水平所组合成的 $k×r$ 个总体中抽取的样本量为 1 的独立随机样本。这 $k×r$ 个总体中的每一个总体都服从正态分布,且有相同的方差。

2. 关系强度测量

$R^2 = \dfrac{SSR + SSC}{SST}$,其平方根 R 可以测量两个自变量合起来与因变量之间的关系强度。

（二）有交互作用的双因素方差分析

有交互作用的双因素方差分析表的一般形式如表 7-3 所示。

表 7-3　　　　　　　　有交互作用的双因素方差分析表的一般形式

误差来源	平方和 SS	自由度 df	均方 MS	F 值	P 值	F 临界值
行因素	SSR	$k-1$	$MSR = \dfrac{SSR}{k-1}$	$F_R = \dfrac{MSR}{MSE}$		
列因素	SSC	$r-1$	$MSC = \dfrac{SSC}{r-1}$	$F_C = \dfrac{MSC}{MSE}$		
交互作用	SSRC	$(k-1)(r-1)$	$MSRC = \dfrac{SSRC}{(k-1)(r-1)}$	$F_{RC} = \dfrac{MSRC}{MSE}$		
误差	SSE	$kr(m-1)$	$MSE = \dfrac{SSE}{kr(m-1)}$			
总和	SST	$n-1$				

第二部分　练　习　题

一、单项选择题

1. 单因素方差分析是指只涉及（　　）。

A. 一个分类型自变量　　　　　　　B. 一个数值型自变量

C. 两个分类型自变量　　　　　　　D. 两个数值型因变量

2. 双因素方差分析涉及（　　）。

A. 两个分类型自变量　　　　　　　B. 两个数值型自变量

C. 两个分类型因变量　　　　　　　D. 两个数值型因变量

3. 在方差分析中，数据的误差是用平方和来表示的。其中反映每个样本中各观测值误差大小的平方和称为（　　）。

A. 组间平方和　　　　　　　　　　B. 组内平方和

C. 总平方和　　　　　　　　　　　D. 水平项平方和

4. 在方差分析中，数据的误差是用平方和来表示的。其中反映各个样本均值之间误差大小的平方和称为（　　）。

A. 误差项平方和　　　　　　　　　B. 组内平方和

C. 组间平方和 D. 总平方和

5. 在方差分析中，数据的误差是用平方和来表示的。其中反映全部观测值误差大小的平方和称为（　　）。

A. 误差项平方和 B. 组内平方和
C. 组间平方和 D. 总平方和

6. 组内平方和除以相应的自由度的结果称为（　　）。

A. 组内平方和 B. 组内方差
C. 组间方差 D. 总方差

7. 组间平方和除以相应的自由度的结果称为（　　）。

A. 组内平方和 B. 组内方差
C. 组间方差 D. 总方差

8. 在方差分析中，用于检验的统计量是（　　）。

A. 组间平方/组内平方和 B. 组间平方/总平方和
C. 组间方差/组内方差 D. 组间方差/总方差

9. 在方差分析中，用于度量自变量与因变量之间关系强度的统计量是 R^2，其计算方法为（　　）。

A. $R^2=$ 组间平方和/组内平方和 B. $R^2=$ 组间平方和/总平方和
C. $R^2=$ 组间方差/组内方差 D. $R^2=$ 组内平方和/总平方和

10. 在方差分析中，进行多重比较的前提是（　　）。

A. 拒绝原假设 B. 不拒绝原假设
C. 可以拒绝原假设也可以不拒绝原假设 D. 各样本均值相等

11. 在方差分析中，多重比较的目的是通过配对比较来进一步检验（　　）。

A. 哪两个总体均值之间有差异 B. 哪两个总体方差之间有差异
C. 哪两个样本均值之间有差异 D. 哪两个样本方差之间有差异

12. 有交互作用的双因素方差分析是指用于检验的两个因素（　　）。

A. 对因变量的影响是独立的 B. 对因变量的影响是有交互作用的
C. 对自变量的影响是独立的 D. 对自变量的影响是有交互作用的

13. 在双因素方差分析中，度量两个分类自变量对因变量影响的统计量是 R，其计算公式为（　　）。

A. $R^2=\dfrac{SSR+SSC}{SST}$ B. $R^2=\dfrac{MSR+MSC}{MST}$
C. $R^2=\dfrac{SSR}{SST}$ D. $R^2=\dfrac{SSC}{SST}$

14. 从两个总体中分别抽取 $n_1=7$ 和 $n_2=6$ 的两个独立随机样本。经计算得到方差分析表，具体如表 7-4 所示。

表 7-4 方差分析表

差异源	SS	df	MS	F	P-value	F crit
组间	A	1	7.50	3.15	0.10	4.84
组内	26.19	11	2.38			
总计	33.69	12				

表中"A"单元格内的结果是( )。

A. 4.50   B. 5.50   C. 6.50   D. 7.50

15. 从两个总体中分别抽取 $n_1=7$ 和 $n_2=6$ 的两个独立随机样本。经计算得到方差分析表,具体如表 7-5 所示。

表 7-5 方差分析表

差异源	SS	df	MS	F	P-value	F crit
组间	7.50	A	7.50	3.15	0.10	4.84
组内	26.19	B	2.38			
总计	33.69	12				

表中"A"单元格和"B"单元格内的结果是( )。

A. 2 和 9   B. 2 和 10   C. 1 和 11   D. 2 和 11

16. 从两个总体中分别抽取 $n_1=7$ 和 $n_2=6$ 的两个独立随机样本。经计算得到方差分析表,具体如表 7-6 所示。

表 7-6 方差分析表

差异源	SS	df	MS	F	P-value	F crit
组间	7.50	1	A	3.15	0.10	4.84
组内	26.19	11	B			
总计	33.69	12				

表中"A"单元格和"B"单元格内的结果是( )。

A. 6.50 和 1.38   B. 7.50 和 2.38   C. 8.50 和 3.38   D. 9.50 和 4.38

17. 从两个总体中分别抽取 $n_1=7$ 和 $n_2=6$ 的两个独立随机样本。经计算得到方差分析表,具体如表 7-7 所示。

表 7-7 方差分析表

差异源	SS	df	MS	F	P-value	F crit
组间	7.50	1	7.50	A	0.10	4.84
组内	26.19	11	2.38			
总计	33.69	12				

表中"A"单元格内的结果是（   ）。

A. 2.15　　　　　B. 3.15　　　　　C. 4.15　　　　　D. 5.15

18. 从两个总体中分别抽取 $n_1=7$ 和 $n_2=6$ 的两个独立随机样本。经计算得到方差分析表,具体如表 7-8 所示。

表 7-8　　　　　　　　　　方差分析表

差异源	SS	df	MS	F	P-value	F crit
组间	7.50	1	7.50	3.15	0.10	4.84
组内	26.19	11	2.38			
总计	33.69	12				

用 $\alpha=0.05$ 的显著性水平检验假设 $H_0: \mu_1=\mu_2$；$H_1: \mu_1 \neq \mu_2$，得到的结论是（   ）。

A. 拒绝 H_0　　　　　　　　　　　　B. 不拒绝 H_0

C. 可以拒绝 H_0 也可以不拒绝 H_0　　　D. 可能拒绝 H_0 也可能不拒绝 H_0

19. 从三个总体中分别抽取 $n_1=3, n_2=4$ 和 $n_3=3$ 的三个独立随机样本。经计算得到方差分析表,具体如表 7-9 所示。

表 7-9　　　　　　　　　　方差分析表

差异源	SS	df	MS	F	P-value	F crit
组间	6.22	2.00	3.11	2.21	0.18	4.74
组内	9.83	7.00	1.40			
总计	16.00	9.00				

用 $\alpha=0.05$ 的显著性水平检验假设 $H_0: \mu_1=\mu_2=\mu_3$；$H_1: \mu_1, \mu_2, \mu_3$ 不全相等,得到的结论是（   ）。

A. 拒绝 H_0　　　　　　　　　　　　B. 不拒绝 H_0

C. 可以拒绝 H_0 也可以不拒绝 H_0　　　D. 可能拒绝 H_0 也可能不拒绝 H_0

20. 某方差分析表如表 7-10 所示。

表 7-10　　　　　　　　　　方差分析表

差异源	SS	df	MS	F
组间	24.7	4	C	E
组内	A	B	D	
总计	62.7	34		

表中 A,B,C,D,E 五个单元格内的数据分别是（   ）。

A. 38, 30, 6.175, 1.27, 4.86　　　　　B. 38, 29, 6.175, 1.27, 4.86

C. 38,30,6.175,1.27,5.86　　　　D. 27.7,29,6.175,1.27,4.86

21. 上题中,如果经查表知 $F_\alpha=3.1274$,则(　　)。

   A. 拒绝 H_0　　　　　　　　　　B. 不拒绝 H_0
   C. 可以拒绝 H_0 也可以不拒绝 H_0　　D. 可能拒绝 H_0 也可能不拒绝 H_0

22. 从三个总体中各选取了 4 个观测值,得到组间平方和 $SSA=536$,组内平方和 $SSE=828$,组间均方与组内均方分别为(　　)。

   A. 268,92　　　B. 134,103.5　　　C. 179,92　　　D. 238,92

23. 从三个总体中各选取了 4 个观测值,得到组间平方和 $SSA=536$,组内平方和 $SSE=828$,用 $\alpha=0.05$ 的显著性水平检验假设 $H_0:\mu_1=\mu_2=\mu_3$;$H_1:\mu_1,\mu_2,\mu_3$ 不全相等,得到的结论是(　　)。

   A. 拒绝 H_0　　　　　　　　　　B. 不拒绝 H_0
   C. 可以拒绝 H_0 也可以不拒绝 H_0　　D. 可能拒绝 H_0 也可能不拒绝 H_0

24. 从 4 个总体中各选取 16 个观测值,得到组间平方和 $SSA=1\,200$,组内平方和 $SSE=300$,用 $\alpha=0.05$ 的显著性水平检验假设 $H_0:\mu_1=\mu_2=\mu_3=\mu_4$;$H_1:\mu_1,\mu_2,\mu_3,\mu_4$ 不全相等,得到的结论是(　　)。

   A. 拒绝 H_0　　　　　　　　　　B. 不拒绝 H_0
   C. 可以拒绝 H_0 也可以不拒绝 H_0　　D. 可能拒绝 H_0 也可能不拒绝 H_0

25. 从 4 个总体中分别选取 14,13,18,19 个观测值,得到组间平方和 $SSA=1\,200$,组内平方和 $SSE=300$,用 $\alpha=0.05$ 的显著性水平检验假设 $H_0:\mu_1=\mu_2=\mu_3=\mu_4$;$H_1:\mu_1,\mu_2,\mu_3,\mu_4$ 不全相等,得到的结论是(　　)。

   A. 拒绝 H_0　　　　　　　　　　B. 不拒绝 H_0
   C. 可以拒绝 H_0 也可以不拒绝 H_0　　D. 可能拒绝 H_0 也可能不拒绝 H_0

二、多项选择题

1. 当涉及比较多个处理优劣的问题,即需进行多个平均数间的差异显著性检验。这时,若仍采用假设检验法就不适宜了,原因有(　　)。

   A. 检验过程繁琐
   B. 无统一的试验误差,误差估计的精确性和检验的灵敏性低
   C. 推断的可靠性低,检验的 Ⅰ 型错误率大
   D. 推断的可靠性低,检验的 Ⅱ 型错误率大

2. 方差分析的基本假定包括(　　)。

   A. 每个总体都服从正态分布　　　B. 各总体的方差相等
   C. 观测值是独立的　　　　　　　D. 各总体的方差等于 0

3. 下列单因素方差分析中涉及的公式中正确的有(　　)。

A. $MSA = \dfrac{组间平方和}{自由度} = \dfrac{SSA}{k-1}$ B. $MSE = \dfrac{组内平方和}{自由度} = \dfrac{SSE}{n-k}$

C. $F = \dfrac{MSA}{MSE} \sim F(k-1, n-k)$ D. $R^2 = \dfrac{SSA(组间\ SS)}{SST(总\ SS)}$

4. 在包含 k 个因子、n 个观测值单因素方差分析中,下列有关自由度的说法正确的有( )。

　　A. SST 为总平方和,其自由度为 $n-1$

　　B. SSE 为组内平方和,其自由度为 $n-k$

　　C. SSA 为组间平方和,其自由度为 $k-1$

　　D. SST 的自由度 $= SSE$ 的自由度 $+ SSA$ 的自由度

5. 在包含 k 个因子的行因素和 r 个因子的列因素的双因素方差分析中,下列有关自由度的说法正确的有( )。

　　A. SST 为总平方和,其自由度为 $kr-1$

　　B. SSR 为行因素的组间平方和,其自由度为 $k-1$

　　C. SSC 为列因素的组间平方和,其自由度为 $r-1$

　　D. SSE 为组内平方和,其自由度为 $(k-1)(r-1)$

三、判断题

1. 在生产和科学研究中经常会遇到比较多个处理优劣的问题,即需进行多个平均数间的差异显著性检验。这时采用假设检验法和方差分析法能达到同样的效果和精度。(　)

2. 方差分析又称变异数分析,旨在于通过检验多个总体的均值是否相等来判断一个或多个分类型自变量对数值型因变量是否有显著影响。(　)

3. 如果一个因素的效应大小在另一个因素不同水平下明显不同,则称为两个因素之间存在交互作用。当存在交互作用时,只需要研究单个因素的作用即可。(　)

4. 水平又称处理,是指各个因素的具体表现。不同的水平代表一类总体。(　)

5. 方差分析中,不同的实验条件(水平)造成的差异,称为组内差异,记作 SSA。(　)

6. 方差分析中,随机误差,如测量误差造成的差异或个体间的差异,称为组内差异,用变量在各组的均值与该组内变量值之偏差平方和的总和表示,记作 SSE。(　)

7. 方差分析的基本前提样本是独立的随机样本、各样本均来自正态总体、各总体均值和方差都相等。(　)

8. 单因素方差分析研究的是一个分类型自变量对一个数值型因变量的影响。(　)

9. 方差分析的第一步是提出假设,原假设为各总体的均值都相等,备择假设为各总体的均值都不相等。(　)

10. 方差分析中组间平方和为 SSA,$SSA = \sum_{i=1}^{k}(\bar{x}_i - \bar{\bar{x}})^2$。(　)

11. 方差分析中,组内平方和(SSE)的自由度为 $k-1$,组间平方和(SSA)的自由度为 $n-k$。　　　　　　　　　　　　　　　　　　　　　　　　　　　　( )

12. 方差分析中,SST 的自由度等于 SSA 的自由度加 SSE 的自由度。　　( )

13. 方差分析中使用的统计量为 SSA/SSE。　　　　　　　　　　　　　( )

14. 方差分析中最后作出统计决策时,如果 $F < F_\alpha$,则说明各水平之间的差异是显著的。　　　　　　　　　　　　　　　　　　　　　　　　　　　　　( )

15. 方差分析中构造的 F 统计量,最终求出的 F 值越大,表明各水平对因变量的影响越显著。　　　　　　　　　　　　　　　　　　　　　　　　　　　　( )

四、思考题

1. 什么是方差分析? 它研究的是什么?
2. 要检验多个总体均值是否相等时,为什么不作两两比较而用方差分析?
3. 简述方差分析的基本原理。
4. 方差分析的基本假定有哪些?
5. 什么是交互作用?
6. 解释组内误差和组间误差的含义。
7. 解释组内方差和组间方差的含义。
8. 解释 R^2 的含义和作用。

五、计算分析题

1. 一家产品制造公司的管理者想比较 A,B,C 3 种培训方式对产品组装时间是否有显著影响,将 20 名新员工随机分配给这 3 种培训方式。培训结束后,参加培训的员工组装一件产品所花的时间如表 7-11 所示。

表 7-11　　　　参加培训的员工组装一件产品所花的时间统计表　　　　单位:分钟

培训方式 A	培训方式 B	培训方式 C
8.8	8.2	8.6
9.3	6.7	8.5
8.7	7.4	9.1
9.0	8.0	8.2
8.6	8.2	8.3
8.3	7.8	7.9
9.5	8.8	9.9
9.4	8.4	9.4
9.2	7.9	

要求：取显著性水平 $\alpha = 0.05$，确定不同的培训方式对产品组装的时间是否有显著影响。

2. 某企业准备采用3种方法组装一种新的产品，为确定哪种方法每小时组装的产品数量最多，随机抽取了30名工人，并指定每个人使用其中的一种方法。通过对每名工人组装的产品数进行方差分析得到的结果如表7-12所示。

表 7-12 方差分析表

差异源	SS	df	MS	F	P-value	F crit
组间			210		0.245 946	3.354 131
组内	3 836			—	—	—
总计		29		—	—	—

要求：
(1) 完成上面的方差分析表。
(2) 若显著性水平 $\alpha = 0.05$，检验采用3种方法组装的产品数量之间是否有显著差异。

3. 有5种不同品种的种子和4种不同的施肥方案，在20块同样面积的土地上，将5种种子和4种施肥方案搭配起来进行试验，取得的收获量数据如表7-13所示。

表 7-13 收获量数据统计表

品种	施肥方案			
	1	2	3	4
1	12.0	9.5	10.4	9.7
2	13.7	11.5	12.4	9.6
3	14.3	12.3	11.4	11.1
4	14.2	14.0	12.5	12.0
5	13.0	14.0	13.1	11.4

要求：检验种子的不同品种对收获量的影响是否显著，不同的施肥方案对收获量的影响是否显著（$\alpha = 0.05$）。

4. 为研究食品的包装方法和销售地区对其销售量是否有影响，在3个不同地区用3种不同包装方法进行销售，获得的销售量数据如表7-14所示。

表 7-14 销售量数据统计表

销售地区(A)	包装方法(B)		
	B1	B2	B3
A1	45	75	30
A2	50	50	40
A3	35	65	50

要求:检验不同的地区和不同的包装方法对该食品的销售量是否有影响($\alpha = 0.05$)。

第二部分 参考答案

一、单项选择题

1. 【答案】 A

   【解析】 只有一个分类型自变量的方差分析称为单因素方差分析。

2. 【答案】 A

   【解析】 有两个分类型自变量的方差分析称为双因素方差分析。

3. 【答案】 B

   【解析】 组内平方和是每个水平或组的各样本数据与其组均值的误差平方和,反映每个样本各观测值的离散状况,又称为误差平方和。

4. 【答案】 C

   【解析】 组间平方和是各组均值$\bar{x}_i$与总均值$\bar{x}$的误差平方和,反映各样本均值之间的差异程度,又称为因素平方和。该平方和既包括系统误差,也包括随机误差。

5. 【答案】 D

   【解析】 反映全部观测值误差大小的平方和称为总平方和。

6. 【答案】 B

   【解析】 组内平方和除以相应的自由度是组内方差。

7. 【答案】 C

   【解析】 组间平方和除以相应的自由度是组间方差。

8. 【答案】 C

   【解析】 方差分析中,用于检验的统计量是组间方差/组内方差。

9. 【答案】 B

   【解析】 方差分析中,当组间平方和比组内平方和大,而且大到一定程度时,就意味着两个变量之间的关系显著,大得越多,表明它们之间的关系就越强;反之,当组间平方和比组内平方和小时,就意味着两个变量之间的关系不显著,小得越多,表明它们之间的关系就越弱。

   那么,要想度量它们之间的关系强度,可以用组间平方和(SSA)占总平方和(SST)的比例大小来反映,将这一比例记为R^2,即$R^2 = \dfrac{SSA(组间\ SS)}{SST(总\ SS)}$。

10. 【答案】 A

    【解析】 当我们拒绝原假设时,说明$\mu_1, \mu_2, \mu_3, \cdots, \mu_i$不全相等,但是具体是哪两个总体均值之间不同,就需要进一步分析,这种方法就是多重比较法。

11. 【答案】 A

【解析】 同上。

12. 【答案】 B

【解析】 有交互作用的双因素方差分析是指用于检验两个因素对因变量的影响有交互作用的。

13. 【答案】 A

【解析】 双因素方差分析中,度量两个分类自变量对因变量影响的统计量是 R^2,计算公式为 $R^2 = \dfrac{SSR + SSC}{SST}$,其中 SSR 是行自变量的组间平方和,SSC 是列自变量的组间平方和。

14. 【答案】 D

【解析】 根据公式 $MSA = \dfrac{SSA}{df}$,本题中已知 $MSA = 7.5$,$df = 1$,要求的是 $A(SSA)$,易知 $A = 7.5$。

15. 【答案】 C

【解析】 原理同 14 题。

16. 【答案】 B

【解析】 原理同 14 题。

17. 【答案】 B

【解析】 根据公式 $F = \dfrac{MSA}{MSE}$,$MSA = 7.5$,$MSE = 2.38$,易知 $F = 3.15$。

18. 【答案】 B

【解析】 由于计算得到的 P 值 $= 0.1 >$ 显著性水平 0.05,因此不能拒绝原假设。

19. 【答案】 B

【解析】 由于计算得到的 P 值 $= 0.18 >$ 显著性水平 0.05,因此不能拒绝原假设。

20. 【答案】 A

【解析】 根据 $SST = SSA + SSE$,$A = 62.7 - 24.7 = 38$;根据 SST 的自由度 $= SSA$ 的自由度 $+ SSE$ 的自由度,$B = 34 - 4 = 30$;根据 $MSA = \dfrac{SSA}{df}$,$C = 24.7 \div 4 = 6.175$,$D = A \div B = 1.27$;根据 $F = \dfrac{MSA}{MSE}$,$E = C \div D = 4.86$。

21. 【答案】 A

【解析】 由于求出的 F 值 $= 4.86 > F_{0.05} = 3.1274$,因此拒绝原假设。

22. 【答案】 A

【解析】 本题中有 3 个总体,说明 $k = 3$,说明组间平方和的自由度 $= 3 - 1 = 2$;本题中观测值共 3×4＝12 个,说明组内平方和的自由度＝12－3＝9,因此组间均方＝536÷2＝268;组内均方＝828÷9＝92。

23. 【答案】 B

【解析】 根据上题的结论及 $F=\dfrac{MSA}{MSE}$,易求出 $F=268÷92=2.91$,通过查表 $F_{0.05}(3,9)=3.86$,F 值 $<F_{0.05}$,说明不拒绝原假设。也可以通过 Excel 方差分析导出方差分析表,对比 P 值和显著性水平 0.05 的大小进行判断。

24. 【答案】 A

【解析】 同 23 题。

25. 【答案】 A

【解析】 同 23 题。

二、多项选择题

1. 【答案】 ABC

【解析】 当涉及比较多个处理优劣的问题,即需进行多个平均数间的差异显著性检验。这时,若仍采用假设检验法就不适宜了,原因有检验过程繁琐、无统一的试验误差,误差估计的精确性和检验的灵敏性低、推断的可靠性低,检验的Ⅰ型错误率大。

2. 【答案】 ABC

【解析】 方差分析的基本假定包括每个总体都服从正态分布、各个总体的方差相等、观测值是独立的。

3. 【答案】 ABCD

【解析】 以上公式皆正确,要求掌握。

4. 【答案】 ABCD

【解析】 以上说法皆正确。

5. 【答案】 ABCD

【解析】 以上说法皆正确。

三、判断题

1. 【答案】 ×

【解析】 在生产和科学研究中经常会遇到比较多个处理优劣的问题,即需进行多个平均数间的差异显著性检验。这时如果采用假设检验法:第一假设检验过程烦琐;第二假设检验无统一的试验误差,误差估计的精确性和检验的灵敏性低;第三假设检验推断的可靠性低,检验的Ⅰ型错误率大。

2. 【答案】 √

3. 【答案】 ×

【解析】 如果一个因素的效应大小在另一个因素不同水平下明显不同,则称为两个因素之间存在交互作用。当存在交互作用时,单纯研究某个因素的作用是没有意义的,必须在另一个因素的不同水平下研究该因素的作用大小。

4. 【答案】 √

5. 【答案】 ×

【解析】 实验条件,即不同的水平造成的差异,称为组间差异。用变量在各组的均值与总均值之偏差平方和的总和表示,记作 SSA。

6. 【答案】 √

7. 【答案】 ×

【解析】 方差分析的基本前提样本是独立的随机样本、各样本均来自正态总体、总体方差具有齐性,即各总体方差相等。

8. 【答案】 √

9. 【答案】 ×

【解析】 方差分析中的原假设是各总体的均值都相等,备择假设为各总体的均值不全相等。

10. 【答案】 ×

【解析】 方差分析中组间平方和为 SSA,$SSA = \sum_{i=1}^{k} n_i (\overline{x_i} - \overline{\overline{x}})^2$。

11. 【答案】 ×

【解析】 方差分析中,组内平方和(SSE)的自由度为 $n-k$,组间平方和(SSA)的自由度为 $k-1$。

12. 【答案】 √

13. 【答案】 ×

【解析】 方差分析中使用的统计量为 MSA/MSE。其中 $MSA = SSA/(k-1)$,$MSE = SSE/(n-k)$。

14. 【答案】 ×

【解析】 若 $F > F_\alpha$,则拒绝原假设 $H_0: \mu_1 = \mu_2 = \cdots = \mu_k$,表明各水平之间的差异是显著的。

15. 【答案】 √

四、思考题

1. 【答案】

方差分析旨在于通过检验多个总体的均值是否相等来判断一个或多个分类型自变

量对数值型因变量是否有显著影响。

方差分析是检验多个总体均值是否相等的统计方法,但本质上它所研究的是分类型自变量对数值型因变量的影响,例如,变量之间有没有关系,关系的强度如何等。方差分析就是通过检验各总体的均值是否相等来判断分类型自变量对数值型因变量是否有显著影响。

2.【答案】

假设检验适用于样本平均数与总体平均数及两样本平均数间的差异显著性检验,但在生产和科学研究中经常会遇到比较多个处理优劣的问题,即需进行多个平均数间的差异显著性检验。这时,若仍采用假设检验法就不适宜了。原因有如下几点:

(1) 检验过程烦琐。

(2) 无统一的试验误差,误差估计的精确性和检验的灵敏性低。

(3) 推断的可靠性低,检验的Ⅰ型错误率大。

3.【答案】

方差分析的基本原理是认为不同处理组的均值之间的差别基本来源有两个:

(1) 实验条件,即不同的水平造成的差异,称为组间差异。用变量在各组的均值与总均值之偏差平方和的总和表示,记作 SSA。

(2) 随机误差,如测量误差造成的差异或个体间的差异,称为组内差异,用变量在各组的均值与该组内变量值之偏差平方和的总和表示,记作 SSE。

总偏差平方和 $SST = SSA + SSE$。组间 SSA、组内 SSE 除以各自的自由度,得到其均方 MSA 和 MSE,一种情况是水平没有作用,即各组样本均来自同一总体,$MSA/MSE \approx 1$。另一种情况是处理确实有作用,组间均方是由于随机误差与不同水平共同导致的结果,即各样本来自不同总体。

4.【答案】

方差分析实质上是对各总体均值相等假设进行检验,为了得到检验统计量的精确分布,要求满足的前提条件如下:

(1) 样本是独立的随机样本。

(2) 各样本均来自正态总体。

(3) 总体方差具有齐性,即各总体方差相等。

5.【答案】

如果有两个或两个以上的因素影响因变量,这两个因素的搭配还会对因变量产生一些新影响,此时称这种影响为两个因素结合后产生的新效应,也称交互作用。

6.【答案】

组内误差即组内平方和,记为 SSE。它是每个水平或组的各样本数据与其组均值的误差平方和,反映每个样本各观测值的离散状况,又称为误差平方和。该平方和反映了随机误差的大小。公式为：

$$SSE = \sum_{i=1}^{k} \sum_{j=1}^{n_i} (x_{ij} - \bar{x}_i)^2$$

组间误差即组间平方和，记为 SSA，它是各组均值 $\bar{x}_i (i=2,\cdots,k)$ 与总均值 $\bar{\bar{x}}$ 的误差平方和，反映各样本均值之间的差异程度，又称为因素平方和。该平方和既包括系统误差，也包括随机误差。公式为：

$$SSA = \sum_{i=1}^{k} n_i (\bar{x}_i - \bar{\bar{x}})^2$$

7. 【答案】

由于各误差平方和的大小与观测值的多少有关，为了消除观测值多少对误差平方和大小的影响，需要将其平均，也就是用各平方和除以它们所对应的自由度，这一结果称为均方，也称方差。

SSE 的均方也称为组内均方或组内方差，记为 MSE，其计算公式为：

$$MSE = \frac{\text{组内平方和}}{\text{自由度}} = \frac{SSE}{n-k}$$

SSA 的均方也称组间均方或组间方差，记为 MSA，其计算公式为：

$$MSA = \frac{\text{组间平方和}}{\text{自由度}} = \frac{SSA}{k-1}$$

8. 【答案】

方差分析中，当组间平方和比组内平方和大，而且大到一定程度时，就意味着两个变量之间的关系显著，大得越多，表明它们之间的关系就越强；反之，当组间平方和比组内平方和小时，就意味着两个变量之间的关系不显著，小得越多，表明它们之间的关系就越弱。

那么，要想度量它们之间的关系强度，可以用组间平方和（SSA）占总平方和（SST）的比例大小来反映，将这一比例记为 R^2，即：

$$R^2 = \frac{SSA(\text{组间 SS})}{SST(\text{总 SS})}$$

五、计算分析题

1. 【答案】

设 3 种培训方式组装产品所花的平均时间分别为 μ_1, μ_2, μ_3。

$H_0: \mu_1 = \mu_2 = \mu_3$

$H_1: \mu_1, \mu_2, \mu_3$ 不全相等

由 Excel 输出的方差分析表如表 7-15 所示。

表 7-15　　　　　　　　　　方差分析表

差异源	SS	df	MS	F	P-value	F crit
组间	5.349 156	2	2.674 578	8.274 518	0.001 962	3.422 132
组内	7.434 306	23	0.323 231			
总计	12.783 46	25				

$P\text{-}value=0.001\,96<\alpha=0.05$（或 $F=8.274\,5>F_{0.05}=3.422\,1$），拒绝原假设。表明不同培训方式对产品组装有显著影响。

2. 【答案】

(1) 方差分析表中所缺的数值如表 7-16 所示。

表 7-16　　　　　　　　　　方差分析表

差异源	SS	df	MS	F	P-value	F crit
组间	420	2	210	1.478	0.245 946	3.354 131
组内	3 836	27	142.07	—	—	—
总计	4 256	29	—	—	—	—

(2) 由方差分析表可知：$P\text{-}value=0.245\,946>\alpha=0.05$（或 $F=1.478<F_{0.05}=3.354\,131$），不能拒绝原假设。没有证据表明 3 种方法组装的产品数量之间有显著差异。

3. 【答案】

设不同品种的种子的平均收获量分别为 $\mu_1,\mu_2,\mu_3,\mu_4,\mu_5$。

提出假设：

$H_0: \mu_1=\mu_2=\mu_3=\mu_4=\mu_5$

$H_1: \mu_1,\mu_2,\mu_3,\mu_4,\mu_5$ 不全相等

设不同施肥方式的平均收获量分别为 μ_1,μ_2,μ_3,μ_4。

提出假设：

$H_0: \mu_1=\mu_2=\mu_3=\mu_4$

$H_1: \mu_1,\mu_2,\mu_3,\mu_4$ 不全相等

由 Excel 输出的方差分析表如表 7-17 所示。

表 7-17　　　　　　　　　　方差分析表

差异源	SS	df	MS	F	P-value	F crit
品种	19.067	4	4.766 75	7.239 716	0.003 315	3.259 167

(续表)

差异源	SS	df	MS	F	P-value	F crit
施肥方案	18.181 5	3	6.060 5	9.204 658	0.001 949	3.490 295
误差	7.901	12	0.658 417			
总计	45.149 5	19				

$P\text{-}value=0.003\ 3<\alpha=0.05$（或 $F_{品种}=7.239\ 7>F_{0.05}=3.259\ 2$），拒绝原假设。表明不同品种的种子对收获量的影响显著。

$P\text{-}value=0.001\ 9<\alpha=0.05$（或 $F_{施肥方案}=9.204\ 7>F_{0.05}=3.490\ 3$），拒绝原假设。表明不同施肥方案对收获量的影响显著。

4. 【答案】

设不同地区的平均收获量分别为 μ_1,μ_2,μ_3。

提出假设：

$H_0:\mu_1=\mu_2=\mu_3$

$H_1:\mu_1,\mu_2,\mu_3$ 不全相等

设不同包装的平均销售量分别为 μ_1,μ_2,μ_3。

提出假设：

$H_0:\mu_1=\mu_2=\mu_3$

$H_1:\mu_1,\mu_2,\mu_3$ 不全相等

由 Excel 输出的方差分析表如表 7-18 所示。

表 7-18　　　　　方差分析表

差异源	SS	df	MS	F	P-value	F crit
地区	22.222 22	2	11.111 11	0.072 727	0.931 056	6.944 272
包装方法	955.555 6	2	477.777 8	3.127 273	0.152 155	6.944 272
误差	611.111 1	4	152.777 8			
总计	1 588.889	8				

$P\text{-}value=0.931\ 1>\alpha=0.05$（或 $F_{地区}=0.072\ 7<F_{0.05}=6.944\ 3$），不拒绝原假设。没有证据表明不同的地区对该食品的销售量有显著影响。

$P\text{-}value=0.152\ 2>\alpha=0.05$（或 $F_{包装方法}=3.127\ 3<F_{0.05}=6.944\ 3$），不拒绝原假设。没有证据表明不同的包装方法对该食品的销售量有显著影响。

第八章 相关与回归分析

第一部分 内容概要

一、相关与回归分析概述

(一) 变量间的关系

客观现象总是普遍联系、相互依存、相互制约的,当我们用变量来反映这些现象的特征时,表现为变量之间的依存关系。变量之间就其关系的变化来说可分为函数关系和相关关系。

(1) 函数关系。函数关系是指变量之间存在着严格确定的依存关系,在这种关系中,当一个或几个变量取一定量的值时,另一变量有确定值与之相对应,并且这种关系可以用一个数学表达式反映出来。

(2) 相关关系。相关关系是指变量之间存在一定的相依关系,但又不是确定的、严格的依存关系。这类关系中,当一个或几个相互联系的变量取一定数值时,与之相对应的变量就会有若干个数值与之相对应,从而表现出一定的波动性。

函数关系和相关关系之间并不存在严格的界限。相关关系通常可以用一定的函数关系表达式近似地描述。

(二) 相关关系的种类

客观现象间的相关关系相当复杂,表现为各种形态,可以按不同的标准加以划分,相关关系的种类具体如表 8-1 所示。

表 8-1　　　　　　　　　　　相关关系的种类

分类方法	具体概念
按相关关系的程度分类	(1) 完全相关:当一种现象的数量变化完全由另一个现象的数量变化所确定时,称这两种现象之间的关系为完全相关
	(2) 不相关:两个现象彼此互不影响,其数量变化各自独立时,称这两个现象之间的关系为不相关或零相关
	(3) 不完全相关:若两个现象之间的关系介于完全相关和不相关之间,称为不完全相关

(续表)

分类方法	具体概念
按相关形式分类	(1) 线性相关：一个变量发生变动，另一个变量随之发生大致均等的变动，从图形上看，其观测点的分布近似地表现为直线形式 (2) 非线性相关：一个变量发生变动，另一个变量也随之发生变动，但是这种变动不是均等的，从图形上看，其观察点的分布表现为各种不同的曲线形式
按相关的方向分类	(1) 正相关：两个相关现象间，当一个变量的数值增加（或减少）时，另一个变量的数值也随之增加（或减少） (2) 负相关：两个相关现象间，当一个变量的数值增加（或减少）时，而另一个变量的数值相反地呈减少（或增加）趋势变化
按相关关系涉及的因素多少分类	(1) 单相关（一元相关）：是指两个变量之间的相关关系，即仅限于一个变量与另一个变量之间的依存关系 (2) 复相关（多元相关）：是指三个或三个以上变量之间的相关关系 (3) 偏相关：在某一变量与多个变量相关时，当假定其他变量不变，其中两个变量的相关关系

（三）相关分析与回归分析的概念及内容

1. 相关分析

相关分析是研究社会经济现象之间相关关系的形态和程度的一种统计分析方法。相关分析的内容包括以下几个方面：①判断现象之间是否存在相关关系；②分析现象间相关关系的形态特征；③确定相关关系的密切程度；④对总体相关系数进行显著性检验。

2. 回归分析

回归分析是在相关分析的基础上，对具有高度相关关系的变量之间数量变化的一般关系进行测定，确定一个合适的数学模型，用来近似地表示变量间的平均变化关系的一种统计方法。回归分析的内容包括以下几个方面：选择回归模型；参数估计；拟合优度检验；显著性检验；预测和控制。

回归分析按变量量的多少，可以分为一元回归分析和多元回归分析；按相关的形式，可以分为线性回归分析和非线性回归分析。

（四）相关分析与回归分析的联系与区别

1. 两者联系

(1) 相关分析是回归分析的前提。

(2) 相关分析决定回归分析。第一，相关的形式决定回归的类型。第二，相关的方向决定回归系数的符号。第三，相关的密切程度决定回归预测的准确程度。

(3) 回归分析是相关分析的继续和深入。

2. 两者区别

(1) 变量的地位不同。在相关分析中，变量处于平等地位，不必区分自变量和因变量；

而在回归分析中,变量处于不平等地位,必须区分自变量和因变量。

(2) 变量的性质不同。在相关分析中,两个变量都是随机变量;在回归分析中,因变量是随机变量,自变量是非随机变量。

(3) 研究的目的不同。相关分析研究变量间相关关系的密切程度和方向,而回归分析研究变量间相关关系的具体形式。

(4) 研究的方法不同。相关分析通过相关图、相关表和相关系数等方法来研究变量间的相关关系,而回归分析通过回归模型来研究变量间的相关关系。

(5) 作用不同。相关分析只能描述变量间相关关系的密切程度和方向;回归分析可以揭示自变量对因变量的影响大小,并可根据回归模型进行预测和控制。

二、简单线性相关分析

判断简单线性相关关系主要有相关表、相关图和相关系数,具体如表 8-2 所示。

表 8-2　　　　　　　　　　简单线性相关关系判断方式

方式	具体内容
相关表	相关表是一种显示变量之间相关关系的统计表 编制方法:将某一变量按其数值的大小顺序排列,然后再将与其相关的另一变量的对应值平行排列,便可得到简单的相关表
相关图	相关图是用来反映两个变量之间相关关系的图,又称散点图 编制方法:将两种有关的数据成对地以点的形式描在直角坐标图上,以观察与分析两种因素之间的关系
相关系数	简单相关系数是在线性条件下说明两个变量之间相关关系密切程度的统计分析指标 计算公式为:$r = \dfrac{n\sum xy - (\sum x)(\sum y)}{\sqrt{n\sum x^2 - (\sum x)^2}\sqrt{n\sum y^2 - (\sum y)^2}}$ 样本相关系数 r 的解释: (1) $-1 \leqslant r \leqslant 1$;$0 < r < 1$,正线性相关;$-1 < r < 0$,负线性相关;$r = 0$,线性无关;$r = 1$,完全正线性相关(函数关系);$r = -1$,完全负线性相关 (2) r 的绝对值的大小反映了现象之间相关关系的紧密程度,r 的绝对值越大,相关关系越紧密,反之,相关关系越不紧密 (3) r 数值的符号表明该相关关系的正负性

三、回归分析

(一) 一元线性回归分析

一元线性回归分析的一般形式为:

$$y_c = a + bx$$

对于回归系数 b 的经济含义为:自变量每增加一个单位,y 平均增加(或减少)b 个单位。b 可为正或负，b 数值的正负性表明 y 与 x 之间相关关系的正负性。参数 a 和 b 的确定，通常采用最小平方法拟合估计，具体公式如下：

$$\begin{cases} b = \dfrac{n\sum xy - \sum x \sum y}{n\sum x^2 - (\sum x)^2} \\ a = \dfrac{\sum y}{n} - b\dfrac{\sum x}{n} \end{cases}$$

（二）多元线性回归分析

设 y 为因变量，$x_1, x_2, \cdots, x_n$ 为 n 个自变量。则多元线性回归方程为：

$$y_c = a + b_1 x_1 + b_2 x_2 + b_3 x_3 + \cdots + b_n x_n$$

b_i ——偏回归系数，表示当其他自变量固定不变时，自变量 x_i 每变化一个单位，因变量 y 的变动量。

四、拟合优度的度量

（一）判定系数

回归平方和占总平方和的比重称为判定系数，记为 R^2，其计算公式为：

$$R^2 = \frac{SSR}{SST} = \frac{\sum (y_c - \bar{y})^2}{\sum (y - \bar{y})^2}$$

判定系数测度了回归直线对观测数据的拟合程度。判定系数 R^2 的取值范围是 $[0,1]$。R^2 越接近于 1，回归直线的拟合程度越好；R^2 越接近于 0，回归直线的拟合程度就越差。

（二）估计标准误差

估计标准误差（也称估计标准差、回归标准差），是指因变量实际值（y）与所配合直线模型上的理论值（y_c）之间的标准差。估计标准误差是说明回归方程推算结果的准确程度的统计指标，它可以反映平均线的代表性大小。该指标数值越大，说明估计值的代表性越小，也就是相关点的离散程度大。反之，该指标数值越小，说明估计值的代表性越大，也就是相关点的离散程度小。

估计标准误差的计算公式为：

（1）根据因变量实际值和估计值的离差计算。

$$S_{yx} = \sqrt{\frac{\sum (y - y_c)^2}{n - 2}}$$

（2）根据 a、b 两参数值计算估计标准误差。

$$S_{yx} = \sqrt{\frac{\sum y^2 - a(\sum y) - b(\sum xy)}{n - 2}}$$

第二部分 练 习 题

一、单项选择题

1. 相关分析对资料的要求是（　　）。
   A. 自变量是随机变量,因变量不是随机变量
   B. 自变量不是随机变量,因变量是随机变量
   C. 自变量和因变量都不是随机变量
   D. 自变量和因变量都是随机变量

2. 下列图形中,可以较好反映 x 和 y 两个变量之间关系的是（　　）。
   A. 直方图　　　　B. 环形图　　　　C. 散点图　　　　D. 柱状图

3. 相关变量的种类按其涉及变量的多少可分为（　　）。
   A. 线性相关和非线性相关
   B. 单相关、复相关和偏相关
   C. 正相关和负相关
   D. 完全相关、不完全相关和不相关

4. 当所有的观察值 y 都落在直线 $y_c = a + bx$ 上时,则 x 和 y 之间的相关系数为（　　）。
   A. $r=0$　　　　B. $r=1$　　　　C. $-1 < r < 1$　　　　D. $0 < r < 1$

5. 两线性相关的变量可以用一条（　　）的直线来描述。
   A. 平行于 X 轴　　B. 倾斜　　C. 平行于 Y 轴　　D. 倾斜 $45°$ 且过原点

6. 下列各项中,属于正相关关系的是（　　）。
   A. 总成本与产品产量
   B. 正常品的价格与需求
   C. 疾病预防支出与得病概率
   D. 矩形的高度与宽度

7. 已知某产品产量（千件）与单位成本（元）之间的回归方程为 $y_c = 56 - 4x$,这意味着产量每增加 1 000 件,单位成本平均（　　）。
   A. 减少 4 000 元　　B. 减少 4 元　　C. 增加 4 000 元　　D. 增加 4 元

8. 下列现象中,相关密切程度最高的是（　　）。
   A. 商品销售额与利润率之间的相关系数为 0.51
   B. 流通费用水平与利润率之间的相关系数为 -0.94
   C. 商场职工人数与月销售额之间的相关系数为 0.87
   D. 学历与毕业后收入之间的相关系数为 0.89

9. 估计标准误差可以用来反映（　　）。
   A. 平均数的代表性
   B. 方差的代表性
   C. 相关系数的代表性
   D. 回归方程的代表性

10. 价格不变的情况下,商品销售额和销售量之间存在着(   )。
    A. 不完全相关关系   B. 函数关系
    C. 不相关关系   D. 负相关关系

11. 若变量 x 的值增加时,变量 y 的值也增加,则变量 x 和变量 y 之间存在(   )。
    A. 正相关关系   B. 负相关关系
    C. 直线相关关系   D. 曲线相关关系

12. 一元线性回归方程 $y_c = a + bx$ 中的 a 表示(   )。
    A. 斜率   B. 最小二乘法   C. 回归直线   D. 截距

13. 如果估计标准误 $S_{yx} = 0$,则说明(   )。
    A. 全部观察值和回归值都相等   B. 全部观察值都落在回归直线上
    C. 全部观察值和回归值的离差相等   D. 回归值代表性小

14. 在构造与评价完一个回归模型后,我们可以(   )。
    A. 估计未来所需样本的容量   B. 以给定的因变量的值估计自变量的值
    C. 计算相关系数和判定系数   D. 以给定的自变量的值估计因变量的值

15. 回归系数和相关系数的符号是一致的,其符号可以用来判断变量间的相关关系是(   )。
    A. 完全相关还是不完全相关   B. 简单相关还是复相关
    C. 线性相关还是非线性相关   D. 正相关还是负相关

16. 当相关系数 $r = 0$ 时,表明(   )。
    A. 现象之间完全无关   B. 现象之间相关程度较小
    C. 现象之间完全相关   D. 现象之间无线性关系

17. 当自变量的数值确定后,因变量的数值也随之完全确定,这种关系属于(   )。
    A. 相关关系   B. 函数关系   C. 回归关系   D. 随即关系

18. 在直线回归方程 $y_c = a + bx$ 中,若 $b = 0$,则表明 X 和 Y 的相关系数(   )。
    A. $r = -1$ B. $r = 0$ C. $r = 1$ D. r 无法确定

19. 拟合回归直线最合理的方法是(   )。
    A. 半数平均法   B. 移动平均法   C. 最小平方法   D. 随手画线法

20. 估计标准误差说明回归直线的代表性,因此(   )。
    A. 估计标准误差数值越大,说明回归直线的代表性越大
    B. 估计标准误差数值越大,说明回归直线的代表性越小
    C. 估计标准误差数值越小,说明回归直线的代表性越小
    D. 估计标准误差数值越小,说明回归直线的实用价值小

21. 某校对学生的考试分数和学习时间进行测定,建立了考生分数和学习时间之间的回归方程 $y_c = 170 - 9x$,该方程中存在的错误是(   )。

A. 斜率的计算有误,截距的计算是对的 B. 斜率和斜率的计算都有误
C. 截距的计算有误,斜率的计算是对的 D. 斜率和斜率的计算都是对的

22. 一元线性回归模型的参数有( )个。
A. 1   B. 2   C. 3   D. 4

23. 一元线性回归模型和多元线性回归模型的区别在于只有一个( )。
A. 自变量   B. 因变量   C. 相关系数   D. 标准误

24. 已知 $r=1$,则一定有( )。
A. $b=1$ B. $a=1$ C. $S_{yx}=0$ D. $S_{yx}=S_y$

25. 当自变量按一定数量变化时,因变量也大致按照一个固定的量变化,这时两个变量之间存在着( )。
A. 线性相关关系   B. 曲线相关关系
C. 负相关关系   D. 正相关关系

26. 由最小平方法得到的回归直线,必须满足的一个基本条件是( )。
A. 实际值与其平均值的离差平方和最小
B. 实际值与其估计值的离差和最小
C. 平均值与其估计值的离差平方和最小
D. 实际值与其估计值的离差平方和最小

27. 已知某工厂甲产品产量和生产成本有直接关系,在这条直线上,当产量为1 000时,其生产成本为30 000元,其中不随产量变化的成本为6 000元,则成本总额对产量的回归直线方程是( )。
A. $y_c = 6\,000 + 24x$ B. $y_c = 6 + 0.24x$
C. $y_c = 24 + 6\,000x$ D. $y_c = 24\,000 + 6x$

28. 变量之间的相关程度越低,则相关系数的数值( )。
A. 越小   B. 越接近0   C. 越接近-1 D. 越接近1

29. 回归系数与相关系数的符号是一致的,其符号均可用来判断现象是( )。
A. 单相关还是复相关   B. 线性相关还是非线性相关
C. 正相关还是负相关   D. 完全相关还是不完全相关

30. 已知变量 x 和变量 y 之间存在负相关,指出下列回归方程中一定错误的是( )。
A. $y_c = -5 - 0.53x$ B. $y_c = -6.7 - 1.8x$
C. $y_c = 103 - 3.2x$ D. $y_c = -24 + 4.6x$

31. 多元相关是( )。
A. 两个变量之间的相关关系   B. 三个变量之间的相关关系
C. 三个或三个以上变量之间的相关关系 D. 四个变量之间的相关关系

32. 下列相关系数取值错误的是( )。

A. −0.86　　　B. 0.74　　　C. 1.32　　　D. 0

33. 现象间的相互关系可以归纳为两种类型,即( )。

A. 函数关系和因果关系　　　B. 相关关系和因果关系
C. 相关关系和函数关系　　　D. 相关关系和随机关系

34. 运用回归方程估计的变量数值与其实际值( )。

A. 根本不可能一致　　　B. 可能一致,可能不一致
C. 总是一致的　　　D. 多数情况下一致,少数情况下不一致

二、多项选择题

1. 下列各项中,属于相关关系的有( )。

A. 圆的半径与面积　　　B. 家庭总收入与总支出
C. 生产费用与生产数量　　　D. 体重与学历

2. 下列各项中,属于正相关关系的有( )。

A. 家庭收入越多,其消费支出也越多
B. 总生产费用随产品产量的增加而增加
C. 某产品产量随工人劳动生产率的提高而增加
D. 生产单位产品所耗工时随劳动生产率的提高而减少

3. 如果两个变量之间完全线性相关,则下列选项中正确的有( )。

A. 相关系数 $|r|=1$　　　B. 判定系数 $R^2=1$
C. 回归系数 $b>0$　　　D. 估计标准误差 $S_{xy}=0$

4. 下列关于相关系数和回归系数的叙述中,正确的有( )。

A. 回归系数大于零,则相关系数也大于零　　　B. 回归系数小于零,则相关系数也小于零
C. 回归系数大于零,则相关系数小于零　　　D. 回归系数小于零,则相关系数大于零

5. 下列关于相关系数的描述中,正确的有( )。

A. 当 $r=0$ 时,表示两变量间无关系
B. 两变量间的关系是单相关关系
C. 因变量随自变量的增加而增加就形成正相关关系
D. 当 $0<|r|<1$ 时,表示两变量不完全相关

6. 当两个变量完全相关时,下列统计指标值正确的有( )。

A. $r=0$　　　B. $r=1$　　　C. $r=-1$　　　D. $0<r<1$

7. 下列各项中,属于判定现象之间有无相关关系方法的有( )。

A. 编制相关表　　　B. 绘制相关图
C. 计算估计标准误差　　　D. 定性分析

8. 下列各项中,属于简单线性回归特点的有( )。

A. 两变量之间是对等关系 B. 回归系数有正负号
C. 有可能求出两个回归方程 D. 两个变量都是随机的

9. 相关系数可以用来表明两个变量之间的（　　）。

A. 线性关系　　B. 相关密切程度　　C. 因果关系　　D. 相关方向

10. 关于家庭收入（百元）和消费支出（百元）的回归方程 $y_c=6.4+0.63x$ 的表述正确的有（　　）。

A. 家庭收入为 2 000 元时，消费支出为 1 900 元
B. 家庭收入为 2 000 元时，消费支出为 640 元
C. 家庭收入每增加 1 000 元时，消费支出平均增加 630 元
D. 家庭收入每增加 1 000 元时，消费支出平均增加 640 元

11. 线性回归分析中的回归平方和 SSR 是指（　　）。

A. 实际值与平均值的离差平方和 B. 估计值与平均值的离差平方和
C. 离差平方和与残差平方和之差 D. 受自变量变动影响引起的离差

12. 可以用来判断两现象间相关方向的指标有（　　）。

A. 回归系数 b　　B. 回归系数 a　　C. 相关系数 r　　D. 估计标准误 S_{yx}

13. 机床使用年限与其维护费用之间的关系属于（　　）。

A. 函数关系　　B. 相关关系　　C. 正相关关系　　D. 无相关关系

14. 某产品的单位成本与工人劳动生产率之间的回归直线方程为 $y_c=45-0.7x$，则（　　）。

A. -0.7 为回归系数
B. 45 是回归直线的起点纵坐标
C. 劳动生产率每增加一个单位，单位成本平均下降 0.7 元
D. 劳动生产率每增加一个单位，单位成本平均上升 0.7 元

15. 由直线回归方程 $y_c=a+bx$ 所推算出来的 y 值（　　）。

A. 是一组估计值 B. 一定等于实际值
C. 可能等于实际值 D. 与实际值的离差平方和等于 0

16. 估计标准误差可用于（　　）。

A. 说明回归方程拟合和优劣程度 B. 说明变量间的相关程度
C. 反映实际值与估计值的离差大小 D. 反映回归直线的代表性大小

三、判断题

1. 相关关系和函数关系都属于完全确定的依存关系。（　　）
2. 若两变量同时上升或同时下降，则说明两者之间是正相关关系。（　　）
3. 回归系数 b 与相关系数 r 的符号可以相同也可以不相同。（　　）

4. 相关系数 r 有正负、有大小，因而可以反映两现象间的具体数量关系。（　）

5. 相关分析和回归分析中的两变量位置都可以随意互换。（　）

6. 只有当两个变量间存在高度相关时，回归分析才有意义。（　）

7. 根据建立的直线回归方程，不能判断出两个变量之间相关的密切程度。（　）

8. 只有当相关系数接近 $+1$ 时，才能说明两变量之间存在高度相关关系。（　）

9. 相关系数 r 越大，则估计标准误差 S_{yx} 值越小，则说明回归方程的精确越高。（　）

10. 产品的单位成本随着产量的增加而降低，这属于函数关系。（　）

11. 回归分析中，自变量和因变量的地位是不同的。（　）

12. 相关系数 r 是在曲线相关条件下，说明两个变量之间相关关系密切程度的统计分析指标。（　）

13. 工人的熟练程度越高，劳动生产率越高，这是一种完全的正相关关系。（　）

14. 回归分析中计算的估计标准误差就是自变量的标准差。（　）

15. 已知变量 X 与 Y 的相关系数为 0.85，变量 M 与 N 的相关系数为 -0.91，则 X 与 Y 的相关密切程度更高。（　）

16. 在计算相关系数之前，必须对两个现象进行回归分析。（　）

17. 完全相关即是函数关系，其相关系数为 ± 1。（　）

18. 函数关系是一种广义的相关关系。（　）

19. 估计标准误差是说明回归方程代表性大小的统计分析指标，指标数值越大说明回归方程的代表性越高。（　）

20. 当直线相关系数 $r = -0.75$ 时，回归方程 $y_c = 296.05 + 4.58x$ 一定是错误的。
（　）

四、思考题

1. 什么是相关关系？相关关系有哪些分类？
2. 什么叫估计标准误差？有什么作用？
3. 简述相关分析和回归分析的区别和联系。

五、计算分析题

1. 根据中国农科所近五年对山东某地粮食作物的亩产量（用 y 表示，单位为千克）与降雨量（用 x 表示，单位为毫米）的研究数据整理得出如下资料：

$n = 5$，$\sum x = 231$，$\sum y = 2\,100$，$\sum x^2 = 25\,100$，$\sum y^2 = 30\,270$，$\sum xy = 156\,820$

要求：

（1）建立亩产量与降雨量之间的回归方程。

（2）计算当降雨量为零时的亩产量。

(3) 计算降雨量每增加一毫米时平均增加的亩产量。

2. 一家公司拥有多家子公司,公司的管理者想通过广告支出来估计销售收入。为此,随机抽取了 6 家子公司,得到的广告支出和销售收入的数据如表 8-3 所示。

表 8-3　　　　　　　　　广告支出和销售收入统计表　　　　　　　　单位:万元

子公司编号	广告支出(x)	销售收入(y)
1	5	73
2	4	72
3	3	71
4	4	73
5	3	69
6	2	68
合　计	21	426

要求:

(1) 请指出广告支出和销售收入哪个是自变量,哪个是因变量。

(2) 建立广告支出与销售收入的线性回归方程。

(3) 解释回归系数的实际意义。

3. 某学校为了分析学习时间与学习成绩之间的关系,将工商管理专业一班 60 名同学分为六组,统计每组的学习时间与学习成绩,资料如表 8-4 所示。

表 8-4　　　　　　　　一班各组学习时间与学习成绩统计表

组号	学习时间(小时)	学习成绩(分)
1	8	40
2	10	50
3	14	60
4	25	70
5	30	80
6	35	90
合　计	122	390

要求:

(1) 计算两个变量之间的相关系数,说明学习时间与学习成绩相关关系的密切程度。

(2) 用最小二乘法建立直线回归方程,并解释回归系数的实际经济意义。

(3) 计算估计标准误差。

4. 许多人都听说小费应该是账单消费额的16%左右,是否真的如此呢? 为了解餐饮业消费数额(x)与小费(y)之间的数量关系,特从若干名消费者中随机抽取10名消费者进行调查,所得资料初步整理如下(单位为元):

$$\sum x = 883.9, \sum y = 129.58, \sum x^2 = 87\,703.23, \sum y^2 = 1\,987.59, \sum xy = 13\,031.18$$

要求:

(1) 计算账单消费额与小费间的相关系数,分析两者间的相关程度。

(2) 配合两者间的直线回归方程,指出回归系数的经济意义。

5. 某公司下设7个分公司,各分公司的固定资产价值与企业总产值数据如表8-5所示。

表8-5　　　　　　某公司固定资产价值与企业总产值统计表　　　　　　单位:万元

分公司编号	固定资产价值	总产值
1	20	80
2	30	90
3	40	115
4	50	120
5	60	125
6	70	130
7	80	140
合　计	350	800

要求:

(1) 建立回归直线方程。

(2) 估计当固定资产价值为100万元时的企业总产值。

第三部分　参考答案

一、单项选择题

1. 【答案】 D

   【解析】 在相关分析中,要求相关的两个变量都是随机变量。

2. 【答案】 C

   【解析】 散点图可以较好反映两个变量之间的关系。

3. 【答案】 B

   【解析】 相关变量的种类按其涉及变量的多少可分为单相关、复相关和偏相关。

第八章 相关与回归分析

4. 【答案】 B

   【解析】 当所有的观察值 y 都落在直线 $y_c=a+bx$ 上时,则 x 和 y 之间呈现函数关系,此时相关系数 $r=1$。

5. 【答案】 B

   【解析】 两线性相关的变量可以用一条倾斜的直线来描述,此时斜率代表回归系数。

6. 【答案】 A

   【解析】 选项 A,在单位成本一定的情况下,总成本越高,产品的产量就越多,因此总成本与产品产量呈现正相关关系。选项 B,正常品的价格越高,需求会相应降低,两者成反相关关系。选项 C,疾病预防支出与得病概率呈现负相关关系。选项 D,矩形的高度与宽度是线性无关关系。

7. 【答案】 B

   【解析】 回归系数 b 的经济含义为:自变量每增加一个单位,y 平均增加(或减少)b 个单位,b 数值的正负性表明 y 与 x 之间相关关系的正负性。本题中 $b=-4$,意味着产量每增加 1 000 件,单位成本平均减少 4 元。

8. 【答案】 B

   【解析】 r 的绝对值的大小反映了现象之间相关关系的紧密程度,r 的绝对值越大,相关关系越紧密,反之,相关关系越不紧密。因此,B 选项的相关系数紧密程度最大,相关密切程度最高。

9. 【答案】 D

   【解析】 估计标准误差是因变量实际值与所配合直线模型上的理论值之间的标准差。用来说明回归方程的代表性。

10. 【答案】 B

    【解析】 价格不变的情况下,商品销售额和销售量之间存在着完全的正相关关系,即函数关系。

11. 【答案】 A

    【解析】 若变量 x 的值增加时,变量 y 的值也增加,两者呈现正相关关系。

12. 【答案】 D

    【解析】 a 表示回归直线在 Y 轴上的截距。

13. 【答案】 B

    【解析】 如果估计标准误 $S_{yx}=0$,则说明实际值与估计值没有差异,全部观察值都落在回归直线上,估计值完全精准。

14. 【答案】 D

    【解析】 构造与评价完一个回归模型后,可以通过自变量估计计算出因变量的值。

15. 【答案】 D

【解析】 回归系数和相关系数的符号是一致的,其符号可以用来判断相关关系的方向,即正相关还是负相关。

16. 【答案】 D

   【解析】 相关系数,是指在线性条件下说明两个变量之间相关关系密切程度的统计分析指标。因此,当相关系数 $r=0$ 时,只能表明两变量间无线性相关关系。

17. 【答案】 B

   【解析】 当自变量的数值确定后,因变量的数值也随之完全确定,这种关系属于函数关系。

18. 【答案】 B

   【解析】 针对相同的两个变量,回归分析中回归系数 b 和相关关系的相关系数 r 方向是一样的,如果 $b=0$,则 $r=0$。

19. 【答案】 C

   【解析】 拟合回归直线最合理的方法是最小平方法。

20. 【答案】 B

   【解析】 估计标准误差说明回归直线的代表性。估计标准误差数值越大,说明回归直线的代表性越小,相关点离散程度大;估计标准误差数值越小,说明回归直线的代表性越大,相关点离散程度小。

21. 【答案】 B

   【解析】 考生分数和学习时间之间呈正相关关系,即学习时间越长,考试分数应该越高。但是考生分数满分为170分不符合逻辑关系。故斜率和截距都有问题。

22. 【答案】 B

   【解析】 一元线性回归模型的参数有 a 和 b 两个。

23. 【答案】 A

   【解析】 一元线性回归模型和多元线性回归模型的区别在于只有一个自变量。

24. 【答案】 C

   【解析】 已知 $r=1$,则两变量呈完全相关关系,即函数关系。此时,因变量的实际值与估计值没有差异,故 $S_{yx}=0$。

25. 【答案】 A

   【解析】 当自变量按一定数量变化时,因变量也大致按照一个固定的量变化,这时两个变量之间存在着线性相关关系,但相关的方向无法确定。

26. 【答案】 D

   【解析】 由最小二平方法得到的回归直线,要求满足因变量的实际值与其估计值的离差平方和最小。

27. 【答案】 A

【解析】 一元线性回归方程为 $y_c = a + bx$。根据题意可以确定 $a = 6\,000$，将产量 $1\,000$ 和生产成本 $30\,000$ 带入回归方程 $30\,000 = 6\,000 + b \times 1\,000$，可以得到 $b = 24$。

28. 【答案】 B

【解析】 变量之间的相关程度越低，则相关系数的数值越接近于 0。

29. 【答案】 C

【解析】 回归系数与相关系数的符号是一致的，其符号均可用来判断相关关系的方向，即正负相关关系。

30. 【答案】 D

【解析】 变量 x 和变量 y 之间存在负相关，说明回归系数应该是负数，故选项 D 错误。

31. 【答案】 C

【解析】 多元相关是三个或三个以上变量之间的相关关系。

32. 【答案】 C

【解析】 相关系数的取值范围是 $-1 \leqslant r \leqslant +1$，故选项 C 错误。

33. 【答案】 C

【解析】 现象间的相互关系可以归纳函数关系和相关关系两种类型。

34. 【答案】 B

【解析】 运用回归方程估计的变量的数值与其实际值可能一致（函数关系），可能不一致（相关关系）。

二、多项选择题

1. 【答案】 ABC

【解析】 选项 A，圆的半径与面积呈正相关关系。选项 B，家庭总收入与总支出呈正相关关系。选项 C，生产费用与生产数量呈正相关关系。选项 D，体重与学历线性无关。

2. 【答案】 ABC

【解析】 选项 D，生产单位产品所耗工时随劳动生产率的提高而减少，呈现负相关关系。

3. 【答案】 ABD

【解析】 完全线性相关的回归系数 b 可能大于 0 也可能小于 0。

4. 【答案】 AB

【解析】 相关系数的正负方向与回归系数的正负方向一样，代表两个变量相关的方向。

5. 【答案】 BCD

【解析】 选项 A，当 $r = 0$ 时，表示两变量间无线性关系，并非无关系。

6. 【答案】 BC

【解析】 当两个变量完全相关时，$|r|$，则 $r = 1$ 或 $r = -1$。

7. 【答案】 ABD

　　【解析】 选项C,计算估计标准误差是测定方程拟合程度。

8. 【答案】 BC

　　【解析】 选项A,在简单线性回归分析中,两个变量不是对等关系,有一个是因变量,一个是自变量。选项D,回归分析中的两个变量,因变量是随机的,自变量则作为研究时给定的非随机变量。

9. 【答案】 BD

　　【解析】 相关系数可以用来表明两个变量之间相关的密切程度和相关方向。

10. 【答案】 AC

　　【解析】 家庭收入(百元)和消费支出(百元)的回归方程 $y_c = 6.4 + 0.63x$,表示家庭收入 x 为 2000 元时,消费支出 $y_c = 6.4 + 0.63 \times 20 = 19.00$ 元。家庭收入每增加 1000 元时,消费支出平均增加 6.30 元。

11. 【答案】 BCD

　　【解析】 选项A实际值与平均值的离差平方和是总离差平方和 SST。

12. 【答案】 AC

　　【解析】 可以用来判断两现象间相关方向的指标有回归系数 b(斜率)和相关系数。

13. 【答案】 BC

　　【解析】 机床使用年限与其维护费用之间呈现正相关关系,故两者必定为相关关系。

14. 【答案】 ABC

　　【解析】 回归系数数值的正负性表明 y 与 x 之间相关关系的正负性。本题中,回归系数为 -0.7,代表两个变量间是负相关关系。

15. 【答案】 AC

　　【解析】 由直线回归方程 $y_c = a + bx$ 所推算出来的 y 值是一组估计值,可能等于实际值(函数关系)。选项D,推算的 y 值与实际值的离差和等于0,离差平方和最小。

16. 【答案】 ABCD

三、判断题

1. 【答案】 ×

　　【解析】 函数关系属于完全确定的依存关系,相关关系不一定是完全确定的依存关系。

2. 【答案】 √

3. 【答案】 ×

　　【解析】 回归系数 b 与相关系数 r 的符号一定相同,表示两变量之间的正负关系。

4. 【答案】 ×

　　【解析】 相关系数 r 有正负、有大小,表示相关的相关方向和密切程度,无法表示具体数量关系。

5. 【答案】 ×

   【解析】 相关分析中的两变量位置都可以随意互换,回归分析中的两变量位置不可以随意互换。

6. 【答案】 √

7. 【答案】 √

8. 【答案】 ×

   【解析】 只有当相关系数 $|r|$ 接近 1 时,即 r 接近 1 或接近 −1,说明两变量之间存在高度相关关系。

9. 【答案】 √

10. 【答案】 ×

    【解析】 产品的单位成本随着产量的增加而降低,这属于负相关关系,不一定是函数关系。

11. 【答案】 √

12. 【答案】 ×

    【解析】 相关系数 r 是在直线相关条件下,说明两个变量之间相关关系密切程度的统计分析指标。

13. 【答案】 ×

    【解析】 工人的熟练程度越高,劳动生产率越高,这是一种正相关关系,并非完全正相关关系。

14. 【答案】 ×

    【解析】 回归分析中计算的估计标准误差是因变量实际值与所配合直线模型上的理论值之间的标准差。

15. 【答案】 ×

    【解析】 r 的绝对值的大小反映了现象之间相关关系的紧密程度,r 的绝对值越大,相关关系越紧密,反之,相关关系越不紧密。变量 X 与 Y 的相关系数为 0.85,变量 M 与 N 的相关系数为 −0.91,说明 M 与 N 的相关程度更密切。

16. 【答案】 ×

    【解析】 计算相关系数不需要进行回归分析,但是进行回归分析需要计算相关系数。

17. 【答案】 √

18. 【答案】 ×

    【解析】 函数关系是一种狭义的相关关系,相关关系不一定是函数关系,函数关系一定是相关关系。

19. 【答案】 ×

【解析】 估计标准误差是说明回归方程代表性大小的统计分析指标,指标数值越大,说明回归方程的代表性越低;反之标数值越小,说明回归方程的代表性越高。

20.【答案】 √

四、思考题

1.【答案】

相关关系是客观现象存在的一种非确定的相互依存关系,即自变量的每一个取值,因变量由于受随机因素影响,与其所对应的数值是非确定性的。相关分析中的自变量和因变量没有严格的区别,可以互换。

具体分类如下:

(1) 按相关关系的程度分为完全相关、不完全相关和不相关。

完全相关:两个变量之间的关系,一个变量的数量变化由另一个变量的数量变化所唯一确定,即函数关系。

不完全相关:两个变量之间的关系介于不相关和完全相关之间。

不相关:如果两个变量彼此的数量变化互相独立,没有关系。

(2) 按相关的方向分为正相关和负相关。

正相关:两个变量的变化趋势相同,从散点图可以看出各点散布的位置是从左下角到右上角的区域,即一个变量的值由小变大时,另一个变量的值也由小变大。

负相关:两个变量的变化趋势相反,从散点图可以看出各点散布的位置是从左上角到右下角的区域,即一个变量的值由小变大时,另一个变量的值由大变小。

(3) 按相关形式分为线性相关和非线性相关。

线性相关:当相关关系的一个变量变动时,另一个变量也相应地发生均等的变动。

非线性相关:当相关关系的一个变量变动时,另一个变量也相应地发生不均等的变动。

(4) 按相关关系涉及的因素多少分为单相关、复相关和偏相关。

单相关:只反映一个自变量和一个因变量的相关关系。

复相关:反映两个及两个以上的自变量同一个因变量的相关关系。

偏相关:当研究因变量与两个或多个自变量相关时,如果把其余的自变量看成是不变的(即当作常量),只研究因变量与其中一个自变量之间的相关关系,就称为偏相关。

2.【答案】

估计标准误差是说明实际值与其估计值之间相对偏离程度的指标,主要用来衡量回归方程的代表性。估计标准误差的值越小,则估计量与其真实值的近似误差越小,但不能认为估计量与真实值之间的绝对误差就是估计标准误差。

估计标准误差的作用为:

(1) 它可以说明回归方程的理论值代表相应实际值的代表性大小。

(2) 它可以说明以回归直线为中心的所有相关点的离散程度。

(3) 它可以反映两个变量之间相关的密切程度。

(4) 它可以表明回归方程实用价值的大小。

3.【答案】

两者的联系为：

(1) 相关分析是回归分析的基础。只有进行相关分析,确定变量之间具有较高的相关程度后,才可进行回归分析。

(2) 回归分析是相关分析的继续。相关分析的最终目的是进行回归分析。

两者的主要区别在于：

(1) 在相关分析中,只是研究变量之间的相关方向和相关的密切程度,无须确定自变量和因变量;而在回归分析中,必须事先确定哪个为自变量,哪个为因变量,而且只能从自变量去推测因变量,而不能从因变量去推断自变量。

(2) 相关分析不能指出变量间相互关系的具体形式,也无法从一个变量的变化推测另一个变量的变化情况;而回归分析能确切地指出变量之间相互关系的具体形式,它可根据回归模型从已知量估计和预测未知量。

(3) 相关分析所涉及的变量一般都是随机变量;而回归分析中因变量是随机的,自变量则作为研究时给定的非随机变量。

五、计算分析题

1.【答案】

(1) 将相关数据代入公式：

$$b = \frac{n\sum xy - \sum x \sum y}{n\sum x^2 - (\sum x)^2} = \frac{5 \times 156\,820 - 231 \times 2\,100}{5 \times 25\,100 - 231^2} = 4.14$$

$$a = \frac{\sum y}{n} - b\frac{\sum x}{n} = \frac{2100}{5} - 4.14 \times \frac{231}{5} = 228.73$$

得到回归方程：

$$y_c = 228.73 + 4.14x$$

(2) 当降雨量为零时,即 $x = 0$,得 $y_c = 228.73 + 4.14 \times 0 = 228.73$ 千克。

(3) 降雨量每增加一毫米时平均增加的亩产量为 4.14 千克。

2.【答案】

(1) 根据题意,广告支出是自变量,销售收入是因变量。

(2) 广告支出和销售收入回归分析相关计算结果如表 8-6 所示。

表 8-6　　　　　　广告支出和销售收入回归分析相关计算结果　　　　　单位：万元

子公司编号	广告支出（x）	销售收入（y）	x^2	xy
1	5	73	25	365
2	4	72	16	288
3	3	71	9	213
4	4	73	16	292
5	3	69	9	207
6	2	68	4	136
合计	21	426	79	1 501

将表 8-6 的相关数据代入公式：

$$b = \frac{n\sum xy - \sum x \sum y}{n\sum x^2 - (\sum x)^2} = \frac{6 \times 1\,501 - 21 \times 426}{6 \times 79 - 21^2} = 1.82$$

$$a = \frac{\sum y}{n} - b\frac{\sum x}{n} = \frac{426}{6} - 1.82 \times \frac{21}{6} = 64.63$$

得到回归方程：

$$y_c = 64.63 + 1.82x$$

(3) 回归系数 1.82 表明，广告支出每增加 1 万元，销售收入平均增加 1.82 万元。

3. 【答案】

学习时间与学习成绩回归分析相关计算结果如表 8-7 所示。

表 8-7　　　　　一班各组学习时间与学习成绩回归分析相关计算结果

组号	学习时间（x）	学习成绩（y）	x^2	y^2	xy
1	8	40	64	1 600	320
2	10	50	100	2 500	500
3	14	60	196	3 600	840
4	25	70	625	4 900	1 750
5	30	80	900	6 400	2 400
6	35	90	1 225	8 100	3 150
合计	122	390	3 110	27 100	8 960

(1) 相关系数为：

$$r = \frac{n\sum xy - (\sum x)(\sum y)}{\sqrt{n\sum x^2 - (\sum x)^2}\sqrt{n\sum y^2 - (\sum y)^2}}$$

$$= \frac{6 \times 8\,960 - 122 \times 390}{\sqrt{6 \times 3\,110 - 122^2} \times \sqrt{6 \times 27\,100 - 390^2}} = 0.98$$

计算结果表明,学习时间与学习成绩之间呈高度正相关关系。

(2) 将表 8-7 的相关数据代入公式:

$$b=\frac{n\sum xy-\sum x\sum y}{n\sum x^2-(\sum x)^2}=\frac{6\times 8\,960-122\times 390}{6\times 3\,110-122^2}=1.64$$

$$a=\frac{\sum y}{n}-b\frac{\sum x}{n}=\frac{390}{6}-1.64\times\frac{122}{6}=31.65$$

得到回归方程:

$$y_c=31.65+1.64x$$

回归系数 1.64 表明,学习时间每增加 1 小时,学习成绩平均增加 1.64 分。

(3) 估计标准误差为:

$$S_{yx}=\sqrt{\frac{\sum y^2-a(\sum y)-b(\sum xy)}{n-2}}=\sqrt{\frac{27\,100-31.65\times 390-1.64\times 8\,960}{6-2}}$$
$$=3.94$$

4. 【答案】

(1) 将相关数据代入相关系数公式:

$$r=\frac{n\sum xy-(\sum x)(\sum y)}{\sqrt{n\sum x^2-(\sum x)^2}\sqrt{n\sum y^2-(\sum y)^2}}$$
$$=\frac{10\times 13\,031.18-883.9\times 129.58}{\sqrt{10\times 87\,703.23-883.9^2}\times\sqrt{10\times 1\,987.59-129.58^2}}=0.92$$

计算结果表明,账单消费额与小费之间呈高度正相关关系。

(2) 将相关数据代入公式:

$$b=\frac{n\sum xy-\sum x\sum y}{n\sum x^2-(\sum x)^2}=\frac{10\times 13\,031.18-883.9\times 129.58}{10\times 87\,703.23-883.9^2}=0.16$$

$$a=\frac{\sum y}{n}-b\frac{\sum x}{n}=\frac{129.58}{10}-0.16\times\frac{883.9}{10}=-1.18$$

得到回归方程:

$$y_c=-1.18+0.16x$$

回归系数 0.16 表明,账单消费额每增加 1 元,小费平均增加 0.16 元。

5. 【答案】

(1) 固定资产价值与总产值回归分析相关计算结果如表 8-8 所示。

表 8-8　　某公司固定资产价值与总产值回归分析相关计算结果　　单位：万元

分公司编号	固定资产价值(x)	总产值(y)	x^2	xy
1	20	80	400	1 600
2	30	90	900	2 700
3	40	115	1 600	4 600
4	50	120	2 500	6 000
5	60	125	3 600	7 500
6	70	130	4 900	9 100
7	80	140	6 400	11 200
合 计	350	800	20 300	42 700

将表 8-8 的相关数据代入公式：

$$b=\frac{n\sum xy-\sum x\sum y}{n\sum x^2-(\sum x)^2}=\frac{7\times 42\,700-350\times 800}{7\times 20\,300-350^2}=0.96$$

$$a=\frac{\sum y}{n}-b\frac{\sum x}{n}=\frac{800}{7}-0.96\times\frac{350}{7}=66.29$$

得到回归方程：

$$y_c=66.29+0.96x$$

(2) 将 $x=100$ 代入回归方程得：

$$y_c=66.29+0.96\times 100=162.29（万元）$$

计算结果表明，当固定资产价值为 100 万元时，企业总产值估计为 162.29 万元。

第九章 时间序列分析和预测

第一部分 内容概要

一、时间序列的编制

(一) 时间序列的概述

时间序列又称时间数列,是指将社会经济现象在时间上发展变化的同类指标,按时间先后顺序排列起来所形成的序列。

时间序列的构成有两个基本要素:一是现象所属时间,通常用 t 来表示;二是各个时间所对应的统计指标值,通常用 a 来表示。

(二) 时间序列的种类

时间序列按统计指标性质的不同,可以分为绝对数时间序列、相对数时间序列和平均数时间序列,具体含义及特点如表 9-1 所示。

表 9-1　　　　　　　　　　时间序列的含义及特点

时间序列种类		含义及特点
绝对数时间序列	时期序列	时期序列是由一系列同类的时期指标按时间先后顺序排列起来所形成的绝对数时间序列。其特点是:可累加、大小与时期的长短有关、指标值要靠连续不断的登记取得。
	时点序列	时点序列是由一系列同类的时点指标按时间先后顺序排列起来所形成的绝对数时间序列。其特点是:不可以累加、指标值的取值大小与时间间隔无关、指标值是由间隔一定时期的登记取得的。
相对数时间序列		把一系列同类的相对指标按时间先后顺序排列起来所形成的时间序列,主要用来反映社会经济现象的比例关系、结构、速度的发展变化过程。
平均数时间序列		由一系列同类的平均指标按时间先后顺序排列起来所形成的时间序列,一般来说也不能相加。

二、时间序列水平分析指标

(一) 发展水平

发展水平是指时间序列中的每项具体指标数值。它反映某种经济现象在一定时期或时点上所达到的水平,又称时间序列水平。通常用 a 代表发展水平,a_0 为最初水平,a_n 为最末水平,在最初水平和最末水平中间的各项称为中间水平。

（二）平均发展水平

平均发展水平又称作序时平均数或动态平均数，是指将不同时间的发展水平加以平均而得到的平均数。

由于时间序列中指标的性质不同，计算方法也不同，如表 9-2 所示。

表 9-2　　　　　　　　　　平均发展水平计算方法与公式

时间序列种类				计算方法	公式
绝对数时间序列	时期序列			简单算术平均法	$\bar{a} = \dfrac{\sum a}{n}$
	时点序列	连续时点序列	间隔相等	简单算术平均法	$\bar{a} = \dfrac{\sum a}{n}$
			间隔不等	加权平均法	$\bar{a} = \dfrac{\sum af}{\sum f}$
		间隔时点序列	间隔相等	首尾折半法	$\bar{a} = \dfrac{\dfrac{a_1}{2} + a_2 + a_3 + \cdots + \dfrac{a_n}{2}}{n-1}$
			间隔不等	两两平均法	$\bar{a} = \dfrac{\dfrac{a_1+a_2}{2}f_1 + \dfrac{a_2+a_3}{2}f_2 + \cdots + \dfrac{a_{n-1}+a_n}{2}f_{n-1}}{\sum_{i=1}^{n-1} f_i}$
相对数时间序列	分子分母均为时期序列			分子分母分别求序时平均数再相比	$\bar{c} = \dfrac{\bar{a}}{\bar{b}}$
	分子分母均为时点序列				
	分子分母为时期或时点序列				
平均数时间序列	序时平均数时间序列		间隔相等	简单算术平均法	$\bar{a} = \dfrac{\sum a}{n}$
			间隔不等	加权平均法	$\bar{a} = \dfrac{\sum af}{\sum f}$
	一般平均数时间序列			同相对数时间序列的计算方法	$\bar{c} = \dfrac{\bar{a}}{\bar{b}}$

（三）增长量

增长量是指时间序列中两个不同时期的发展水平之差，用以描述现象在观察期内报告期比基期增长的绝对数量。其计算公式为：

$$增长量 = 报告期水平 - 基期水平$$

由于采用的基期不同，可以分成逐期增长量与累计增长量，为消除季节变动的影响，在实际工作中,常计算年距增长量,具体如表 9-3 所示。

表 9-3 增长量的种类、公式及关系

基期水平	增长量的种类	公式	关系
前期水平	逐期增长量	逐期增长量＝报告期水平－前期水平	1. 一定时期累计增长量等于该时期逐期增长量之和。 2. 相邻两期累计增长量之差等于相应的逐期增长量
固定基期水平	累计增长量	累计增长量＝报告期水平－固定基期水平	
上年同期水平	年距增长量	年距增长量＝报告期水平－上年同期水平	—

(四) 平均增长量

平均增长量是指时间序列中各逐期增长量的序时平均数,用以反映现象在某一时期内各期增长绝对数量的一般水平。

$$平均增长量 = \frac{逐期增长量之和}{逐期增长量个数} = \frac{累计增长量}{时间序列项数-1} = \frac{a_i - a_0}{i - 1}$$

三、时间序列速度分析指标

(一) 发展速度

发展速度是表明社会经济现象在一定时期内的发展方向及程度的相对指标,是根据两个不同时期发展水平相对比而求得的。一般用百分数或倍数表示。其计算公式为:

$$发展速度 = \frac{报告期水平}{基期水平} = \frac{a_i}{a_{i-1}}$$

由于采用的基期不同,可以分为环比发展速度和定基发展速度,为消除季节变动的影响,可以计算年距发展速度,具体如表 9-4 所示。

表 9-4 发展速度的种类、公式及关系

基期水平	发展速度的种类	公式	关系
前一期水平	环比发展速度	环比发展速度＝报告期水平/前期水平	1. 定基发展速度等于环比发展速度的连乘积。 2. 两个相邻时期的定基发展速度之比等于他们的环比发展速度。
固定基期水平	定基发展速度	定基发展速度＝报告期水平/最初水平	
上年同期水平	年距发展速度	年距发展速度＝本年某月(季)发展水平/去年同月(季)发展水平	—

(二) 增长速度

增长速度是说明社会经济现象增长程度的相对指标,它是增长量与基期水平的比值,表

示报告期水平比基期水平增长(或降低)了百分之几或若干倍。其计算公式为：

$$增长速度 = \frac{增长量}{基期水平} = \frac{报告期水平 - 基期水平}{基期水平}$$

由于采用的基期不同,可以分为环比增长速度和定基增长速度,为消除季节变动影响,可以计算年距增长速度,具体如表9-5所示。

表9-5　　　　　　　　增长速度的种类、公式及关系

基期水平	增长速度的种类	公式	关系
前一期水平	环比增长速度	环比增长速度 = $\frac{逐期增长量}{前一期水平}$ = $\frac{报告期水平 - 前一期水平}{前一期水平}$ = 环比发展速度 - 1	将环比增长速度加"1"化为环比发展速度,再将环比发展速度连乘得到定基发展速度,然后将定基发展速度减"1",得到定基增长速度
固定基期水平	定基增长速度	定基增长速度 = $\frac{累计增长量}{某一固定基期水平}$ = $\frac{报告期水平 - 某一固定基期水平}{某一固定基期水平}$ = 定基发展速度 - 1	
上年同期水平	年距增长速度	年距增长速度 = $\frac{年距增长量}{去年同期发展水平}$ = 年距发展速度 - 1	—

(三) 平均发展速度与平均增长速度

平均发展速度是时间序列中各个环比发展速度的平均数,用以反映社会经济现象在一段较长时间内平均发展变化的程度。平均发展速度与平均增长速度的关系是：

$$平均增长速度 = 平均发展速度 - 1$$

在实际工作中平均发展速度有两种计算方法：水平法和累计法。

1. 水平法

水平法下平均发展速度计算公式：

$$\bar{x} = \sqrt[n]{\frac{a_1}{a_0} \cdot \frac{a_2}{a_1} \cdot \frac{a_3}{a_2} \cdot \cdots \cdot \frac{a_n}{a_{n-1}}} = \sqrt[n]{\frac{a_n}{a_0}}$$

2. 累计法

累计法也称方程式法。其基本思路为：设 $\bar{x}$ 为平均发展速度,每期按固定的平均发展速度发展,各期计算水平的总和应等于各期实际水平的总和。

$$\frac{\sum_{i=1}^{n} a_i}{a_0} = (\bar{x} + \bar{x}^2 + \cdots + \bar{x}^n)$$

求解方程式中 $\bar{x}$ 正根——即为平均发展速度。

四、长期趋势的测定与预测

(一) 影响时间序列诸因素的分解

一般将社会经济现象时间序列的总变动分解为长期趋势、季节变动、循环变动和不规则变动四种主要因素。四种因素的含义及特点如表 9-6 所示。

表 9-6　　　　　　　　时间序列诸因素的含义及特点

因素	含义及特点
长期趋势	长期趋势是指现象在较长时期内持续发展变化的一种趋向或状态。可分为上升趋势、下降趋势、水平趋势，或分为线性趋势和非线性趋势
季节变动	季节变动是指一种使现象以一定时期(如一季、一月、一周等)为一周期呈现较有规律的上升、下降交替变动。是一种周期性的变化，周期长度小于一年
循环变动	循环变动是指现象呈现出以若干年为一周期、涨落相间、扩张与紧缩、波峰与波谷相交替的波动。循环变动表现为波浪式的涨落交替的变动。没有固定的循环周期，其变动的周期较长，一般在数年以上
不规则变动	不规则变动包括随机变动和突然变动。随机变动是指现象受到各种偶然因素影响而呈现出方向不定、时起时伏、时大时小的变动。突然变动是指战争、自然灾害或其他社会因素等意外事件引起的变动

(二) 时间序列分析原理

首先，剔除其余几种因素影响，测定一种因素变动影响。其次，再将各种因素结合起来进行综合分析和测定。各种因素的结合类型有乘法模型和加法模型两种假设。

加法模型：
$$Y = T + C + S + I$$

其中：Y、T 为总量指标。

乘法模型：
$$Y = T \cdot C \cdot S \cdot I$$

其中：Y、T 为总量指标。

(三) 长期趋势的测定方法

1. 时距扩大法

时距扩大法的基本思想是通过对原有序列中各期指标值按较长的时距加以归并，形成新的时间序列，以消除偶然因素和季节变动的影响，显示出长期趋势。

2. 移动平均法

移动平均法的基本思想是对原序列中的指标值按一定时间跨度移动，计算出一系列新的序时平均数，形成时间序列，以消除偶然因素和季节变动的影响，显示出长期趋势。

移动平均法的特点：

(1) 移动平均的项数越大，对序列的平滑修匀作用越大。

(2) 平均项数为奇数，只需一次平均；平均项数为偶数，需进行二次平均。

(3) 序列中包含有周期变动，平均项数必须与周期长度相同。

(4) 移动平均后，新序列项数比原序列项数少。奇数平均，首尾各少$(n-1)/2$项，偶数平均，首尾各少$n/2$项。

(5) 由于首尾都损失若干信息量，只可用于观察趋势，但不利于直接向外进行延伸预测。

3. 数学模型法

数学模型法的基本思想是对时间序列运用理论知识、实际经验进行判断，在确定其性质和特点的基础上，构造一个数学方程来描述其长期趋势，包括直线模型和曲线模型。

数学模型法的基本程序是：首先判断趋势类型，然后计算待定参数，最后利用方程预测。

第一步：判断趋势类型

判断趋势类型的方法有两种，分别是绘制散点图和分析数据特征，数据特征的判别标准如表 9-7 所示。

表 9-7 数据特征的判别标准

数据特征	数学方程
数据的一阶差分趋近于常数	直线方程：$y = a + bt$
数据的二阶差分趋近于常数	二次曲线方程：$y = a + bt + ct^2$
数据的环比发展速度趋近于常数	指数曲线方程：$y = ab^t$

第二步：计算待定参数

如果以时间因素为自变量(t)，把序列水平作为因变量(y)，拟合的直线方程即为：

$$Y_c = a + bt$$

利用最小平方法可求出参数：

$$b = \frac{n\sum ty - \sum t \sum y}{n\sum t^2 - (\sum t)^2} \qquad a = \frac{\sum y}{n} - b\frac{\sum t}{n} = \bar{y} - b\bar{t}$$

其中，对时间 t 进行假设有三种方法，具体如表 9-8 所示。

表 9-8 时间 t 的假设方法

时间序列的 t 特点	t 假设方法
所有情况	时间序列为：1, 2, 3, ……
奇数	假设 t 的中间项为时间原点 0，时间序列的排列顺序为：……，-3，-2，-1，0，1，2，3，……
偶数	假设正中间相邻两个时间的中点为时间的原点 0，时间序列的排列顺序依次为：……，-5，-3，-1，1，3，5，……

第二部分 练 习 题

一、单项选择题

1. 时期指标和时点指标的分类依据是( )。
   A. 反映的内容不同   B. 反映的时间状态不同
   C. 表现形式和作用不同   D. 特点和性质不同

2. 下列序列中,指标数值可以相加的是( )。
   A. 平均指标时间序列   B. 相对指标时间序列
   C. 时期序列   D. 时点序列

3. 下列指标和时间构成的时间序列中,属于时期序列的是( )。
   A. 年末总人口   B. 国内生产总值
   C. 居民平均消费水平   D. 人口自然增长率

4. 下列4个时间序列中,属于时点序列的是( )。
   A. 历年招生人数时间序列   B. 历年增加在校生人数时间序列
   C. 历年在校生人数时间序列 D. 历年毕业生人数时间序列

5. 某地区2018—2022年按年排列的每年年末从业人员数时间序列是( )。
   A. 时期序列   B. 时点序列   C. 相对数时间序列   D. 平均数时间序列

6. 工人人均日产量时间序列,属于( )。
   A. 绝对数时间序列   B. 相对数时间序列
   C. 静态平均数时间序列   D. 序时平均数时间序列

7. 在时间序列中,作为计算其他动态分析指标基础的是( )。
   A. 发展水平   B. 平均发展水平   C. 发展速度   D. 平均发展速度

8. 已知某企业1月、2月、3月、4月的月初职工人数分别为190人、195人、193人和201人。则该企业第一季度的平均职工人数的计算方法为( )。

   A. $\dfrac{190+195+193+201}{4}$ B. $\dfrac{190+195+193}{3}$

   C. $\dfrac{\dfrac{190}{2}+195+193+\dfrac{201}{2}}{4-1}$ D. $\dfrac{\dfrac{190}{2}+195+193+\dfrac{201}{2}}{4}$

9. 用报告期水平除以基期水平得到的指标是( )。
   A. 发展水平   B. 增长量   C. 发展速度   D. 平均增长率

10. 由一个10项的时间序列可以计算的环比发展速度有( )。
    A. 8个   B. 9个   C. 10个   D. 11个

11. 环比发展速度与定基发展速度之间的关系是( )。

   A. 环比发展速度等于定基发展速度减 1

   B. 定基发展速度等于环比发展速度之和

   C. 环比发展速度等于定基发展速度的平方根

   D. 环比发展速度的连乘积等于定基发展速度

12. 总速度是( )。

   A. 定基发展速度　　　　　　　B. 环比发展速度

   C. 定基增长速度　　　　　　　D. 环比增长速度

13. 某地区去年粮食产量的环比增长速度为 3%,今年为 4%,则近两年该地区粮食产量共增长了( )。

   A. 1%　　　B. 7%　　　C. 7.12%　　　D. 12%

14. 已知各时期发展水平之和与最初水平及时期数,要计算平均发展速度,应采用( )。

   A. 水平法　　　　　　　　　　B. 累计法

   C. 两种方法都能采用　　　　　D. 两种方法都不能采用

15. 已知最初水平与最末水平及时期数,要计算平均发展速度,应采用( )。

   A. 水平法　　　　　　　　　　B. 累计法

   C. 两种方法都能采用　　　　　D. 两种方法都不能采用

16. 假定某产品产量 2022 年比 2012 年增加了 235%,则 2012—2022 年间平均发展速度为( )。

   A. $\sqrt[9]{135\%}$　　B. $\sqrt[10]{335\%}$　　C. $\sqrt[10]{235\%}$　　D. $\sqrt[9]{335\%}$

17. 以 1996 年为基期,2022 年为报告期,若求平均发展速度需开方计算,应开几次方,下列选项正确的是( )。

   A. 28　　　B. 27　　　C. 26　　　D. 25

18. 某电商产品销量 2021 年比 2020 年增长 8%,2022 年比 2021 年增长 12%,则 2020 年至 2022 年平均增长速度为( )。

   A. 9.98%　　B. 6.5%　　C. 10%　　D. 21%

19. 某地区 2018—2022 年营业收入的年平均发展速度是 109.99%,这期间年平均增长速度为( )。

   A. 9.99%　　B. 0.37%　　C. 3.22%　　D. 109.99%

20. 用平均发展速度减 1 得到的指标是( )。

   A. 发展水平　　B. 增长量　　C. 发展速度　　D. 平均增长速度

21. 虽有各期的环比增长速度,但无法计算现象的( )。

   A. 各期定基增长速度　　　　　B. 各期环比发展速度

C. 各期发展水平　　　　　　　　D. 平均增长速度

22. 某现象各期的环比增长速度(以系数表现)为 P_1、P_2、P_3，其平均增长速度的计算公式为( )。

A. $\bar{P}=(P_1+P_2+P_3)/3$

B. $\bar{P}=\sqrt[3]{P_1 \cdot P_2 \cdot P_3}$

C. $\bar{P}=(P_1+1) \cdot (P_2+1) \cdot (P_3+1)/3-1$

D. $\bar{P}=\sqrt[3]{(P_1+1) \cdot (P_2+1) \cdot (P_3+1)}-1$

23. 平均发展速度是( )。

A. 定基发展速度的算术平均数　　B. 环比发展速度的算术平均数

C. 环比发展速度的几何平均数　　D. 增长速度加上 100%

24. 用最小平方法配合趋势直线方程 $y_c=a+bt$，在什么条件下：$a=\sum y/n$，$b=\sum ty/\sum t^2$ ( )。

A. $\sum t=0$　　　　　　　　　B. $\sum(y-y_c)=0$

C. $\sum y=0$　　　　　　　　　D. $\sum(y-y_c)^2=$最小

25. 增长1%的绝对值是( )。

A. 增长量与增长速度之比　　　　B. 逐期增长量与定基增长速度之比

C. 增长量与平均增长速度之比　　D. 增长量与发展速度之比

26. 根据牧区每个月初的牲畜存栏数计算全牧区半年的牲畜平均存栏数,采用的公式是( )。

A. 简单平均法　　B. 几何平均法　　C. 加权平均法　　D. 首尾折半法

27. 对原有时间序列进行修匀,以削弱短期的偶然因素引起的变化,从而呈现出较长时期的基本发展趋势的一种简单方法称为( )。

A. 移动平均法　　　　　　　　　B. 移动平均趋势剔除法

C. 按月平均法　　　　　　　　　D. 按季平均法

28. 客观现象由于受自然因素和社会因素的影响,在一年内随季节的更换而引起的规律性变动称为( )。

A. 长期趋势　　B. 季节变动　　C. 循环变动　　D. 不规则变动

29. 在对经济现象的长期变动趋势进行分析时,既能反映现象变动趋势的形式,也能对现象的变动进行趋势预测的方法是( )。

A. 时距扩大法　　B. 最小平方法　　C. 季节比率法　　D. 移动平均

30. 时间序列的项数是36,经过3项移动平均修匀后的序列有( )。

A. 36项　　　　B. 35项　　　　C. 34项　　　　D. 33项

二、多项选择题

1. 下列序列中,属于时期序列的有(   )。
   A. 全国第四次人口普查数　　　　B. 某省近 5 年钢铁产量
   C. 某商场各季末商品库存量　　　　D. 某商场 2000—2022 年商品销售额

2. 已知各时期环比发展速度和时期数,就可计算(   )。
   A. 平均发展速度　　　　　　　　B. 平均发展水平
   C. 定基发展速度　　　　　　　　D. 逐期增长量

3. 用水平法计算平均发展速度时,被开方的数为(   )。
   A. 环比发展速度的连乘积　　　　B. 定基发展速度的连乘积
   C. 报告期发展水平与基期发展水平之比　D. 总速度

4. 定基增长速度等于(   )。
   A. 累计增长量除以基期水平　　　B. 环比增长速度的连乘积
   C. 环比发展速度的连乘积减 1　　D. 定基发展速度减 1

5. 编制时间序列应遵循的原则包括(   )。
   A. 指标数值所属的总体范围应该一致
   B. 指标的经济含义应该相同
   C. 指标数值的计算方法、价格和计量单位应该一致
   D. 指标数值所属的时期长短或时间间隔应该一致

6. 反映现象发展变化程度采用的指标有(   )。
   A. 发展速度　　B. 增长速度　　C. 平均发展速度　　D. 平均增长速度

7. 相对数时间序列中的相对数,可以是(   )。
   A. 计划完成相对数　B. 结构相对数　C. 比较相对数　D. 强度相对数

8. 计算和应用平均发展速度指标时,应注意(   )。
   A. 要结合具体研究对象确定报告期
   B. 要结合具体研究目的确定基期
   C. 应计算分段平均发展速度来补充全期的平均发展速度
   D. 应分别计算增长或下降年的平均发展速度来补充全期的平均发展速度

9. 增长 1% 的绝对值(   )。
   A. 等于逐期增长量除以环比增长速度　B. 等于逐期增长量除以环比发展速度
   C. 表示增加一个百分点所增加的绝对量　D. 表示增加一个百分点所增加的相对量

10. 在直线趋势方程式 $y_c = a + bt$ 中,y_c 代表直线趋势值,其余各符号的意义是(   )。
    A. a 代表趋势直线的起点值

B. *a* 值等于原时间序列的最末水平

C. *b* 为趋势直线的斜率

D. *b* 是每增加一个单位时,现象平均增加的值

三、判断题

1. 若将某市社会商品库存额按时间先后顺序排列,此种时间序列属于时期序列。
（　　）

2. 若将某城市 2017 年至 2022 年年末居民储蓄存款按时间先后顺序排列,此种时间序列称为时点序列。（　　）

3. 相对数时间序列和平均数时间序列中的指标数值都不能相加。（　　）

4. 发展水平是计算其他动态分析指标的基础,它只能用总量指标来表示。（　　）

5. 保证时间序列中各个指标数值具有可比性是编制时间序列应遵守的基本原则。
（　　）

6. 由间断时点序列计算序时平均数,是假定现象的动态变化过程为均匀变动。（　　）

7. 序时平均数是将同一总体的不同时期的平均数按时间顺序排列起来。（　　）

8. 发展速度是报告期发展水平与基期发展水平之比,用于反映现象在一定时期内的发展方向和变化程度。（　　）

9. 若逐期增长量每年相等,则其各年的环比发展速度是年年下降的。（　　）

10. 定基发展速度等于相应各个环比发展速度的连乘积,所以定基增长速度也等于相应各个环比增长速度的连乘积。（　　）

11. 平均增长速度是环比增长速度连乘积开 *n* 次方根。（　　）

12. 定基发展速度是报告期水平与前一期水平之比,说明现象逐期发展变化的程度。
（　　）

13. 环比发展速度是报告期水平与某一固定时期水平之比,说明现象在整个观察期内总的发展变化程度。（　　）

14. 平均增长速度等于平均发展速度减 1。（　　）

15. 序时平均数与一般平均数是两个不同的概念,它们之间没有共同点。（　　）

16. 平均增长速度不能根据各个环比增长速度直接求得。（　　）

17. 用水平法计算的平均发展速度只取决于最初发展水平和最末发展水平,与中间各期发展水平无关。（　　）

18. 只有增长速度大于 100% 才能说明事物的变动是增长的。（　　）

19. 所有平均发展水平的计算采用的都是简单算术平均法。（　　）

20. 移动平均法可以对现象变动的长期趋势进行动态预测。（　　）

21. 移动平均的平均项数越大,则它对序列的平滑修匀作用越强。（　　）

22. 时期序列有连续时期序列和间断时期序列两种。　　　　　　　　（　）

23. 长期趋势是时间序列的主要构成要素,是指现象在较长时期内持续发展变化的一种趋向或状态。　　　　　　　　　　　　　　　　　　　　　　　（　）

24. 影响时间序列的因素大体上分为四种：长期趋势、季节变动、循环波动和不规则变动。　　　　　　　　　　　　　　　　　　　　　　　　　　（　）

25. 季节变动是指某些现象由于受自然因素和社会条件的影响,在一年之内比较有规律的变动。　　　　　　　　　　　　　　　　　　　　　　　　（　）

四、思考题

1. 什么是时间序列？时间序列有几种？其相互关系如何？
2. 什么是时期序列和时点序列？两者有哪些区别？
3. 简述计算平均发展速度的水平法和累积法的应用场合。
4. 配合直线模型、指数曲线模型和二次曲线模型的条件是什么？其参数估计的方法和要求是什么？

五、计算分析题

1. 某自行车车库4月1日有自行车320辆,4月6日调出70辆,4月18日进货120辆,4月26日调出80辆,直至月末再未发生变动。

要求：计算该车库4月份平均库存自行车。

2. 某企业2021年年末定额流动资金为320万元,2022年定额流动资金占有额的统计资料如表9-9所示。

表9-9　　　　某企业2022年定额流动资金占有额的统计资料　　　　单位：万元

月份	1	2	3	4	5	6	10	12
月末定额流动资金	298	300	354	311	280	290	330	368

要求：根据上表资料分别计算该企业2022年定额流动资金上半年平均占有额、下半年平均占有额和全年平均占有额。

3. 某企业成品库存量如表9-10所示。

表9-10　　　　　　某企业成品库存量　　　　　　　单位：件

日期	3月31日	4月30日	5月31日	6月30日
库存量	560	680	470	540

要求：计算该企业第二季度平均月库存量。

4. 某储蓄所2021年12月31日的储蓄存款余额为20 600万元,2022年储蓄存款余额资料如表 9-11 所示。

表 9-11　　　　　某储蓄所 2022 年储蓄存款余额资料　　　　　单位:万元

日期	1月31日	5月31日	8月31日	10月31日	12月31日
月末储蓄存款余额	19 500	21 700	22 900	23 300	24 800

要求：计算该储蓄所本年度平均储蓄存款余额。

5. 某公司 2023 年第二季度各月销售收入和流动资金占用额如表 9-12 所示。

表 9-12　　　某公司 2023 年第二季度各月销售收入和流动资金占用额

日期	3月	4月	5月	6月
销售收入(万元)	—	178	218	205
月末流动资金占用(万元)	135	146	126	118
流动资金周转次数	—	1.267	1.603	1.680

要求：计算该公司第二季度平均每月流动资金周转次数。

6. 某工厂 2022 年下半年各月末工人数及其所占比重资料如表 9-13 所示。

表 9-13　　　某工厂 2022 年下半年各月末工人数及其所占比重资料

月份	6	7	8	9	10	11	12
月末工人数(人)	550	580	560	565	600	590	590
工人占全部职工人数的比重(%)	80	86	81	80	90	87	85

要求：计算该工厂 2022 年下半年工人占全部职工人数的平均比重。

7. 某商店商品销售额及月末销售员情况如表 9-14 所示。

表 9-14　　　　　某商店商品销售额及月末销售员情况

月份	3	4	5	6
商品销售额(万元)	165	198	177	216.9
月末销售员人数(人)	210	240	232	250

要求：

(1) 计算第二季度该店平均每月商品销售额。

(2) 计算第二季度平均销售员人数。

(3) 计算第二季度平均每月销售员人均销售额。

8. 某水泥厂 2017—2022 年水泥产量如表 9-15 所示。

表 9-15　　　　　　　　　　某水泥厂 2017—2022 年水泥产量情况

年份		2017	2018	2019	2020	2021	2022
水泥产量(万吨)		580	685	819	900	1 010	1 160
增长量(万吨)	逐期	—					
	累计	—					
发展速度(%)	环比	—					
	定基	100					
增长速度(%)	环比	—					
	定基	—					
增长 1% 的绝对值(万吨)		—					

要求：

(1) 计算出表中各动态分析指标各年的数值，并填入表内的相应空格中。

(2) 计算平均增长量。

(3) 用水平法计算平均发展速度。

9. 根据动态分析指标之间的关系，推算出表 9-16 中空格的数值，并填入表中空格处。

表 9-16　　　　　　　　　　　动态分析指标数据表

年份	产值(万元)	与上年比较			
		增长量(万元)	发展速度(%)	增长速度(%)	增长 1% 的绝对值(万元)
2018		—	—	—	—
2019			105		1.2
2020		14			
2021				15	
2022	170				

10. 根据动态分析指标之间的关系，推算出表 9-17 中空格的数值，并填入表中。

表 9-17　　　　　　　　　　　增长速度计算表

年份		2018	2019	2020	2021	2022
增长速度(%)	环比	20		25		24
	定基		50		125	

11. 某上市公司近几年的营业收入资料如表 9-18 所示。

表 9-18　　　　　　　某上市公司近几年的营业收入资料　　　　　　　单位:万元

年份	2017	2018	2019	2020	2021	2022
营业收入	9 179.19	10 600.84	12 363.18	13 669.93	15 348.61	16 627.04

要求:

(1) 计算 2017 年至 2022 年期间的年平均增长量;

(2) 计算 2017 年至 2022 年期间的年平均增长速度。

12. 某公司 12 年的产量资料如表 9-19 所示。

表 9-19　　　　　　　　　某公司 12 年的产量资料

年份	产量(万台)	年份	产量(万台)
2011	355	2017	470
2012	379	2018	481
2013	381	2019	449
2014	431	2020	544
2015	424	2021	601
2016	437	2022	587

要求:

(1) 利用最小平方法建立线性趋势方程,并说明方程中回归系数的经济意义。

(2) 预测 2025 年的产量。

第三部分　参考答案

一、单项选择题

1. 【答案】 B

【解析】 根据总量指标所属的时间不同,绝对数时间序列可分为:时期序列和时点序列。

2. 【答案】 C

【解析】 时期序列可以累加,并具有一定的经济意义。时点序列不可以累加,累加没有经济意义。相对数时间序列和平均数时间序列一般来说也不能相加,相加所得的数值没有实际意义。

3. 【答案】 B

【解析】 选项 A,年末总人口属于时点序列。选项 B,国内生产总值属于时期序列。选项 C,居民平均消费水平属于平均数时间序列。选项 D,人口自然增长率属于相对数时间序列。

4. 【答案】 C

【解析】 选项C,历年在校生人数时间序列属于时点序列,其余三项均属于时期序列。

5. 【答案】 B

【解析】 某地区2018—2022年按年排列的每年年末从业人员数时间序列属于由一系列同类的时点指标按时间先后顺序排列起来,故属于时点序列。

6. 【答案】 D

【解析】 工人人均日产量时间序列,属于序时平均数时间序列。

7. 【答案】 A

【解析】 发展水平是指时间序列中的每项具体指标数值。它反映某种经济现象在一定时期或时点上所达到的水平,作为计算其他动态分析指标的基础。

8. 【答案】 C

【解析】 企业1月、2月、3月、4月的月初职工人数分别为190人、195人、193人和201人,属于间断时点序列且间隔相等,其求平均数应采用首尾折半法,故选项C正确。

9. 【答案】 C

【解析】 发展速度是用报告期水平除以基期水平得到的指标。

10. 【答案】 B

【解析】 环比发展速度是用报告期发展水平除以前一期水平,故由一个10项的时间序列可以计算的环比发展速度有9个。

11. 【答案】 D

【解析】 环比发展速度与定基发展速度之间的关系:定基发展速度等于环比发展速度的连乘积,两个相邻时期的定基发展速度之比等于他们的环比发展速度。

12. 【答案】 A

【解析】 总速度 $= \dfrac{a_n}{a_0} = \dfrac{a_1}{a_0} \cdot \dfrac{a_2}{a_1} \cdot \dfrac{a_3}{a_2} \cdots \dfrac{a_n}{a_{n-1}}$,故总速度是定基发展速度。

13. 【答案】 C

【解析】 此题属于已知环比增长速度,求定基增长速度,故利用环比增长速度和定基增长速度之间的关系,计算过程为:$(1+3\%)(1+4\%)-1=7.12\%$。

14. 【答案】 B

【解析】 累计法求平均发展速度的公式为 $\dfrac{\sum_{i=1}^{n} a_i}{a_0} = (\bar{x} + \bar{x}^2 + \cdots + \bar{x}^n)$,故已知各时期发展水平之和与最初水平及时期数,要计算平均发展速度应采用累计法。

15. 【答案】 A

【解析】 水平法计算平均发展速度的公式为 $\bar{x} = \sqrt[n]{\dfrac{a_1}{a_0} \cdot \dfrac{a_2}{a_1} \cdot \dfrac{a_3}{a_2} \cdot \cdots \cdot \dfrac{a_n}{a_{n-1}}} = \sqrt[n]{\dfrac{a_n}{a_0}}$，故已知最初水平与最末水平及时期数，要计算平均发展速度，应采用水平法。

16. 【答案】 B

【解析】 假定某产品产量 2022 年比 2012 年增加了 235%，则 2012—2022 年间平均发展速度计算公式为 $\sqrt[10]{1+235\%} = \sqrt[10]{335\%}$。

17. 【答案】 C

【解析】 以 1996 年为基期，2022 年为报告期，若求平均发展速度需开方计算，应开 26 (2022—1996) 次方。

18. 【答案】 A

【解析】 2020 年至 2022 年平均增长速度 $= \sqrt[2]{(1+8\%) \times (1+12\%)} - 1 = 9.98\%$。

19. 【答案】 A

【解析】 平均增长速度＝平均发展速度－1，故本题答案应为：109.99%－1＝9.99%。

20. 【答案】 D

【解析】 平均增长速度＝平均发展速度－1。

21. 【答案】 C

【解析】 已知各期的环比增长速度，可以计算环比发展速度、定基发展速度、定基增长速度、平均发展速度以及平均增长速度，但无法计算各期发展水平。

22. 【答案】 D

【解析】 已知各期的环比增长速度为 P_1、P_2、P_3，求平均增长速度，计算公式为 $\bar{P} = \sqrt[3]{(P_1+1) \cdot (P_2+1) \cdot (P_3+1)} - 1$。

23. 【答案】 C

【解析】 平均发展速度 $\bar{x} = \sqrt[n]{\dfrac{a_1}{a_0} \cdot \dfrac{a_2}{a_1} \cdot \dfrac{a_3}{a_2} \cdot \cdots \cdot \dfrac{a_n}{a_{n-1}}}$，故平均发展速度为环比发展速度的几何平均数。

24. 【答案】 A

【解析】 当 $\sum t = 0$，则 $a = \sum y / n$，$b = \sum ty / \sum t^2$。

25. 【答案】 A

【解析】 增长 1% 的绝对值＝增长量/增长速度。

26. 【答案】 D

【解析】 牧区每个月初的牲畜存栏数属于间断时点序列且间隔相等，故计算全牧区半年的牲畜平均存栏数应采用首尾折半法。

27. 【答案】 A

【解析】 移动平均法的基本思想是对原序列中的指标值按一定时间跨度移动,计算出一系列新的序时平均数,形成时间序列,以消除偶然因素和季节变动的影响,显示出长期趋势。

28. 【答案】 B

【解析】 季节变动是指一种使现象以一定时期(如一季、一月、一周等)为一周期呈现较规律的上升、下降交替变动。通常表现为现象在一年内随着自然季节的更替而发生的较有规律的增减变化,是一种周期性的变化,周期长度小于一年。

29. 【答案】 B

【解析】 最小平方法既能反映现象变动趋势的形式,也能对现象的变动进行趋势预测。

30. 【答案】 C

【解析】 移动平均后,新序列项数比原序列项数少,奇数平均,首尾各少 $(n-1)/2$。故 36 项时间序列,经过 3 项移动平均首尾各少 1 项,修匀后的序列有 34 项。

二、多项选择题

1. 【答案】 BD

【解析】 选项 B,某省近 5 年钢铁产量;选项 D,某商场 2000—2022 年商品销售额属于时期序列;选项 A,全国四次人口普查数;选项 C,某商场各季末商品库存量属于时点序列。

2. 【答案】 AC

【解析】 已知各时期环比发展速度和时期数,可以计算定基发展速度、定基增长速度、平均发展速度以及平均增长速度。

3. 【答案】 ACD

【解析】 用水平法计算平均发展速度时,$\bar{x} = \sqrt[n]{\dfrac{a_1}{a_0} \cdot \dfrac{a_2}{a_1} \cdot \dfrac{a_3}{a_2} \cdot \ldots \cdot \dfrac{a_n}{a_{n-1}}} = \sqrt[n]{\dfrac{a_n}{a_0}}$,故被开方的数是环比发展速度的连乘积,是定基发展速度(即报告期发展水平与基期发展水平之比),也被称为总速度。

4. 【答案】 ACD

【解析】 本题考查定基增长速度的计算公式,从定义式可得,定基增长速度等于累计增长量除以基期水平,也等于定基发展速度减1;从定基增长速度与环比发展速度的关系出发,可得定基增长速度等于环比发展速度的连乘积减1。

5. 【答案】 ABCD

【解析】 时间序列的编制原则:①时间长短统一②总体范围统一③计算方法、价格和计量单位的统一④指标的经济内容应该相同。

6. 【答案】 ABCD

   【解析】 发展速度、增长速度、平均发展速度和平均增长速度都是反映现象发展变化程度采用的指标。

7. 【答案】 ABCD

   【解析】 相对数时间序列中的相对数,可以是计划完成相对数、结构相对数、比较相对数和强度相对数等。

8. 【答案】 BC

   【解析】 计算和运用平均发展速度时应注意的问题有:①根据统计研究目的选择计算方法②要注意社会经济现象的特点③应采取分段平均速度来补充说明总平均速度④平均速度指标要与其他指标结合运用。

9. 【答案】 AC

   【解析】 增长1%的绝对值等于增长量除以增长速度。根据基期水平的不同,增加1%的绝对值可以等于逐期增长量除以环比增长速度,或者累计增长量除以定基增长速度,它表示增加一个百分点所增加的绝对量。

10. 【答案】 ACD

    【解析】 在直线趋势方程式 $y_c = a + bt$ 中,y_c 代表直线趋势值,a 代表趋势直线的起点值,b 为趋势直线的斜率,其经济意义是每增加一个单位时,现象平均增加的值。

三、判断题

1. 【答案】 ×

   【解析】 某市社会商品库存额按时间先后顺序排列,此种时间序列属于时点序列。

2. 【答案】 √

3. 【答案】 √

4. 【答案】 ×

   【解析】 发展水平是指时间序列中的每项具体指标数值,可以是总量指标、相对指标或平均指标。它反映某种经济现象在一定时期或时点上所达到的水平,是计算其他动态分析指标的基础。

5. 【答案】 √

6. 【答案】 √

7. 【答案】 ×

   【解析】 平均发展水平又称作序时平均数或动态平均数,是指将不同时间的发展水平加以平均而得到的平均数。

8. 【答案】 √

9. 【答案】 √
10. 【答案】 ×

    【解析】 定基发展速度等于相应各个环比发展速度的连乘积,而定基增长速度不等于相应各个环比增长速度的连乘积。由环比增长速度推出定基增长速度的思路为:首先将环比增长速度加"1"化为环比发展速度,然后将环比发展速度连乘得到定基发展速度,最后将定基发展速度减"1",得到定基增长速度。

11. 【答案】 ×

    【解析】 平均增长速度 $=\sqrt[n]{\prod(1+环比增长速度)}-1$。

12. 【答案】 ×

    【解析】 定基发展速度是指报告期水平与某一固定基期水平(通常是最初水平)之比计算的发展速度,表明在 n 期内总的发展变化情况,又称之为"总速度"。

13. 【答案】 ×

    【解析】 环比发展速度是以报告期水平与前一期水平之比计算的发展速度,表示逐期发展变化的程度。

14. 【答案】 √
15. 【答案】 ×

    【解析】 序时平均数与一般平均数既有联系又有区别。两者的联系是:两者都是将社会经济现象的个别数量差异抽象化,概括地反映现象的一般水平。两者的区别在于:①计算依据不同;②抽象差异的性质不同。

16. 【答案】 √
17. 【答案】 √
18. 【答案】 ×

    【解析】 增长速度大于 0 就可以说明事物的变动是增长的。

19. 【答案】 ×

    【解析】 平均发展水平的计算根据时间序列的种类不同,采用的方法不同,有简单算术平均法、加权平均法和首尾折半法等。

20. 【答案】 √
21. 【答案】 √
22. 【答案】 ×

    【解析】 时点序列有连续时点序列和间断时点序列两种。

23. 【答案】 √
24. 【答案】 √
25. 【答案】 √

四、思考题

1. 【答案】

时间序列又称时间数列,是指社会经济现象在时间上发展变化的同类指标,是按时间先后顺序排列起来所形成的序列。

时间序列按统计指标性质的不同,可以分为绝对数时间序列、相对数时间序列和平均数时间序列。其中,绝对数时间序列是基本序列,相对数时间序列和平均数时间序列则是由绝对数时间序列派生而形成的序列。

2. 【答案】

时期序列是由一系列同类的时期指标按时间先后顺序排列起来所形成的绝对数时间序列。时点序列是由一系列同类的时点指标按时间先后顺序排列起来所形成的绝对数时间序列。两者的区别在于:

(1) 时期序列可以累加,并具有一定的经济意义。而时点序列不可以累加,累加没有经济意义。

(2) 时期序列指标值的大小与时期的长短有关。而时点序列指标值的取值大小与时间间隔无关。

(3) 时期序列统计时要靠连续不断的登记取得。而时点序列指标值是间隔一定时期的登记取得的。

3. 【答案】

水平法是计算平均发展速度的常用方法,通常其计算过程只考虑现象的最末水平与最初水平而舍弃了中间各期水平差异造成的影响。如果最末水平与最初水平过高或过低,或者中间各期水平波动很大,都会影响平均速度的代表性甚至使它失去意义。因此,如果现象是稳定地上升或下降,则可采用水平法;如果现象无规律地升降交替,那么累计法则更适合一些。

4. 【答案】

(1) 当数据的一阶差分趋近于一常数时,可以配合直线方程。

(2) 当数据的二阶差分趋近于一常数时,可以配合二次曲线方程。

(3) 当数据的环比发展速度趋近于一常数时,可配合指数曲线方程。

参数估计常用最小平方法(也称最小二乘法),这是分析长期趋势较常用的方法。其中心思想是通过数学公式,配合一条理想的趋势线。这条趋势线必须满足两点要求:一是原数列与趋势线的离差平方和为最小;二是原数列与趋势线的离差总和为零。

五、计算分析题

1. 【答案】

该车库 4 月份平均库存自行车为:

$$\bar{a}=\frac{\sum af}{\sum f}=\frac{320\times5+250\times12+370\times8+290\times5}{5+12+8+5}=300(辆)$$

2.【答案】

(1) 定额流动资金上半年平均占有额:

$$\bar{a}=\frac{\dfrac{a_1}{2}+a_2+\cdots+a_{n-1}+\dfrac{a_n}{2}}{n-1}$$

$$=\frac{\dfrac{320}{2}+298+300+354+311+280+\dfrac{290}{2}}{6}=308(万元)$$

(2) 定额流动资金下半年平均占有额:

$$\bar{a}=\frac{\dfrac{a_1+a_2}{2}f_1+\dfrac{a_2+a_3}{2}f_2+\cdots+\dfrac{a_{n-1}+a_n}{2}f_{n-1}}{\sum_{i=1}^{n-1}f_i}$$

$$=\frac{\dfrac{290+330}{2}\times4+\dfrac{330+368}{2}\times2}{4+2}=323(万元)$$

(3) 定额流动资金全年平均占有额:

$$\frac{308+323}{2}=315.5(万元)$$

3.【答案】

该企业第二季度平均月库存量为:

$$\bar{a}=\frac{\dfrac{a_1}{2}+a_2+\cdots+a_{n-1}+\dfrac{a_n}{2}}{n-1}=\frac{\dfrac{560}{2}+680+470+\dfrac{540}{2}}{4-1}=567(件)$$

4.【答案】

该储蓄所本年度平均储蓄存款余额为:

$$\bar{a}=\frac{\dfrac{a_1+a_2}{2}f_1+\dfrac{a_2+a_3}{2}f_2+\cdots+\dfrac{a_{n-1}+a_n}{2}f_{n-1}}{\sum_{i=1}^{n-1}f_i}$$

$$=\frac{\dfrac{20\,600+19\,500}{2}\times1+\dfrac{19\,500+21\,700}{2}\times4+\dfrac{21\,700+22\,900}{2}\times3+\dfrac{22\,900+23\,300}{2}\times2+\dfrac{23\,300+24\,800}{2}\times2}{1+4+3+2+2}$$

$$=21\,970.83(万元)$$

5. 【答案】

该公司第二季度平均每月流动资金周转次数为：

$$\bar{c} = \frac{\bar{a}}{\bar{b}} = \frac{\frac{\sum a}{n}}{\frac{\frac{b_1}{2} + b_2 + \cdots + b_{n-1} + \frac{b_n}{2}}{n-1}} = \frac{\frac{178 + 218 + 205}{3}}{\frac{\frac{135}{2} + 146 + 126 + \frac{118}{2}}{4-1}} = 1.51(次)$$

6. 【答案】

先用 $b = a/c$ 式分别求出各月末全部职工人数，如 6 月末为 550/0.8＝688 人，其余各月依次为 674，691，706，667，678 和 694，则：

$$\bar{c} = \frac{\bar{a}}{\bar{b}} = \frac{\frac{\frac{a_1}{2} + a_2 + \cdots + a_{n-1} + \frac{a_n}{2}}{n-1}}{\frac{\frac{b_1}{2} + b_2 + \cdots + b_{n-1} + \frac{b_n}{2}}{n-1}}$$

$$= \frac{\left(\frac{550}{2} + 580 + 560 + 565 + 600 + 590 + \frac{590}{2}\right) \div (7-1)}{\left(\frac{688}{2} + 674 + 691 + 706 + 667 + 678 + \frac{694}{2}\right) \div (7-1)}$$

$$= 84.37\%$$

7. 【答案】

(1) $\bar{a} = \frac{\sum a}{n} = \frac{198 + 177 + 216.9}{3} = 197.30(万元)$

(2) $\bar{b} = \frac{\frac{b_1}{2} + b_2 + \cdots + b_{n-1} + \frac{b_n}{2}}{n-1} = \frac{\frac{210}{2} + 240 + 232 + \frac{250}{2}}{3} = 234(人)$

(3) 第二季度平均每月销售员人均销售额 $= \frac{197.3}{234} = 0.84(万元／人)$

8. 【答案】

(1) 动态分析指标计算结果如表 9-20 所示。

表 9-20 动态分析指标计算表

年份		2017	2018	2019	2020	2021	2022
水泥产量(万吨)		580	685	819	900	1 010	1 160
增长量(万吨)	逐期	—	105	134	81	110	150
	累计	—	105	239	320	430	580
发展速度(%)	环比	—	118.10	119.56	109.89	112.22	114.85
	定基	100	118.10	141.21	155.17	174.14	200.00
增长速度(%)	环比	—	18.10	19.56	9.89	12.22	14.85
	定基	—	18.10	41.21	55.17	74.14	100.00
增长1%的绝对值(万吨)		—	5.80	6.85	8.19	9.00	10.10

(2) 平均增长量 $= \dfrac{580}{5} = 116$(万吨)

(3) 平均发展速度 $= \sqrt[n]{\dfrac{a_n}{a_0}} = \sqrt[5]{\dfrac{1\,160}{580}} = \sqrt[5]{2} \approx 114.87\%$

9.【答案】

推算结果如表 9-21 所示。

表 9-21 动态分析指标计算表

年份	产值(万元)	与上年比较			
		增长量(万元)	发展速度(%)	增长速度(%)	增长1%的绝对值(万元)
2018	120	—	—	—	—
2019	126	6	105	5	1.2
2020	140	14	111.1	11.1	1.26
2021	161	21	115	15	1.40
2022	170	9	105.59	5.59	1.61

10.【答案】

根据动态分析指标之间的关系,推算环比增长速度和定基增长速度的结果如表 9-22 所示。

表 9-22 环比增长速度和定基增长速度的推算表

年份		2018	2019	2020	2021	2022
增长速度(%)	环比	20	25	25	20	24
	定基	20	50	87.5	125	179

注:$25\% = \left(\dfrac{1.5}{1.2} - 1\right) \times 100\%$ $87.5\% = (1.5 \times 1.25 - 1) \times 100\%$

$20\% = \left(\dfrac{2.25}{1.875} - 1\right) \times 100\%$ $179\% = (2.25 \times 1.24 - 1) \times 100\%$

11.【答案】

(1) 平均增长量 $= \dfrac{16\,627.04 - 9\,179.19}{5} = 1\,489.57$（万元）

(2) 平均增长速度 $= \sqrt[n]{\dfrac{a_n}{a_0}} - 1 = \sqrt[5]{\dfrac{16\,627.04}{9\,179.19}} - 1 \approx 12.62\%$

12.【答案】

(1) $b = \dfrac{n\sum ty - \sum t \sum y}{n\sum t^2 - (\sum t)^2} = \dfrac{12 \times 38\,996 - 78 \times 5\,539}{12 \times 650 - 78^2} = 20.93$

$a = \dfrac{\sum y}{n} - b\dfrac{\sum t}{n} = \dfrac{5\,539}{12} - 20.93 \times \dfrac{78}{12} = 325.54$

$$y_c = 325.54 + 20.93t$$

(2) 2025 年的产量：

$$y_c = 325.54 + 20.93 \times 15 = 639.49（万台）$$

第十章 统计指数

第一部分 内容概要

一、统计指数的概念和种类

（一）统计指数的概念

统计指数有广义和狭义之分。广义指数是指同类事物变动程度的相对数，包括动态相对数、比较相对数、计划完成相对数，即所有的动态比较指标，说明某种具体产品的产量、成本、价格等的动态变化。狭义指数是综合反映多种不同事物在不同时间上的总变动的特殊的相对数，即专门用来综合说明那些不能直接相加和对比的复杂社会经济现象的变动情况。本书主要介绍狭义指数。

（二）统计指数的种类

统计指数按照不同的研究目的和要求，可以进行不同的分类，具体如表 10-1 所示。

表 10-1　　　　　　　　　　　统计指数的种类

分类方法	具体概念
按指数所考察范围分类	（1）个体指数：是指反映单个现象或单个事物变动的相对数
	（2）组指数：也称类指数，是指综合反映总体内某一类现象变动的相对数
	（3）总指数：是综合反映整个复杂经济现象总体变化情况的相对数。计算形式有两种：综合指数和平均指数
按指数所反映的现象特征分类	（1）数量指标指数：是指反映所研究现象的数量规模变动的指数
	（2）质量指标指数：是指反映所研究现象的质量水平变动的指数
按指数所反映的时间状态分类	（1）动态指数：是指由两个不同时间的经济量对比形成，用以反映社会经济现象在不同时间的发展变化的指数
	（2）静态指数：是后来才发展的，包括空间指数和计划完成情况指数两种
按所采用的基期分类	（1）定基指数：是指在一个指数数列中的各个指数都是以某一固定时期作为基期
	（2）环比指数：是指各个指数都是以前一期作为基期的

二、综合指数

（一）综合指数的编制原理

编制综合指数的基本方法是"先综合，后对比"。

编制综合指数必须明确两个概念：一是"指数化指标"，二是"同度量因素"。

（1）指数化指标。指数化指标是指编制综合指数所要测定的因素。

（2）同度量因素。同度量因素是指媒介因素，借助媒介因素，把不能直接加总的因素过渡到可以同度量并可以加总的因素。

（二）综合指数的编制方法

综合指数编制时，选择不同的同度量因素，编制方法不一样，具体如表10-2所示。

表10-2　　　　　　　　　　综合指数的编制方法

指数类型	同度量因素	公式
数量指标综合指数	拉氏指数：基期	$L_q = \dfrac{\sum q_1 p_0}{\sum q_0 p_0}$
	帕氏指数：报告期	$P_q = \dfrac{\sum q_1 p_1}{\sum q_0 p_1}$
	杨格指数：不变水平	$I_q = \dfrac{\sum q_1 p_n}{\sum q_0 p_n}$
质量指标综合指数	拉氏指数：基期	$L_p = \dfrac{\sum q_0 p_1}{\sum q_0 p_0}$
	帕氏指数：报告期	$P_p = \dfrac{\sum q_1 p_1}{\sum q_1 p_0}$
	杨格指数：不变水平	$I_p = \dfrac{\sum p_1 q_n}{\sum p_0 q_n}$

一般情况下，编制综合指数的方法，也就是同度量因素所属时期确定的方法：编制数量指标指数时，同度量因素固定在基期水平上；编制质量指标指数时，同度量因素固定在报告期水平上。

三、平均指数

（一）平均指数的编制原理

以个体指数为基础采取平均指标形式编制的总指数，叫作平均指数，也称为平均数指数。

平均指数编制的基本方法则是"先对比，后平均"。"先对比"，是指先通过对比计算个体现象的个体指数；"后平均"，则是指将个体指数赋予适当的权数，加以平均得到总指数。

（二）平均指数的基本形式

在编制平均指数时，主要的计算形式有算术平均和调和平均两种，具体如表10-3所示。

表 10-3　　　　　　　　　　　　平均指数的编制

指数形式		公式
加权算术平均指数	数量指标指数	$I_q = \dfrac{\sum \dfrac{q_1}{q_0} p_0 q_0}{\sum p_0 q_0}$
	质量指标指数	$I_p = \dfrac{\sum \dfrac{p_1}{p_0} p_0 q_0}{\sum p_0 q_0}$
加权调和平均指数	数量指标指数	$I_q = \dfrac{\sum p_1 q_1}{\sum \dfrac{1}{\dfrac{q_1}{q_0}} p_1 q_1}$
	质量指标指数	$I_p = \dfrac{\sum p_1 q_1}{\sum \dfrac{1}{\dfrac{p_1}{p_0}} p_1 q_1}$

（三）平均指数与综合指数的比较

平均指数是综合指数的变形，两者有一定的区别，具体如下：

(1) 运用资料的条件不同。综合指数主要适用于全面资料的编制，而平均指数除了可以适用全面资料编制外，对于非全面资料的编制，更有其现实应用意义。

(2) 方法（形式）不同。综合指数是通过引进同度量因素，先计算出总体的总量，然后进行对比，即先综合，后对比。而平均指数是在个体指数的基础上通过加权计算总指数，即先对比，后平均。

四、指数体系及因素分析

（一）指数体系的概念及其作用

指数体系可以有两种不同的含义。广义的指数体系类似于指标体系的概念，泛指若干个内容上相互关联的统计指数所结成的体系。狭义的指数体系仅指几个指数之间在一定的经济联系基础上所结成的严密的数量关系式。这里主要针对狭义的指数体系。

指数体系的分析作用主要有两个方面：一是进行"因素分析"，即分析现象的总变动中各有关因素的影响程度；二是进行"指数推算"，即根据已知的指数推算未知的指数。

（二）总量变动的因素分析

总量变动的因素分析采用连锁替代法。连锁替代法是指在被分析指标的因素结合式和相互联系的数量关系中，将各个因素的基期数字依次以报告期的数字替代，每次替代后的结果与替代前的结果进行对比，从相对数和绝对数两方面分析各因素对现象总体的影响。

为了同时满足相对数分析和绝对数分析的需要，必须将同度量因素固定在不同的时期，即：一个固定在基期,一个固定在报告期。这里将质量指标指数的同度量因素固定在报告期,数量指标指数的同度量因素固定在基期,形成的指数体系如下:

$$\begin{cases} \dfrac{\sum p_1 q_1}{\sum p_0 q_0} = \dfrac{\sum p_0 q_1}{\sum p_0 q_0} \cdot \dfrac{\sum p_1 q_1}{\sum p_0 q_1} & \text{相对数体系} \\ \sum p_1 q_1 - \sum p_0 q_0 = \left(\sum p_0 q_1 - \sum p_0 q_0\right) + \left(\sum p_1 q_1 - \sum p_0 q_1\right) & \text{绝对数体系} \end{cases}$$

(三) 平均指标变动的因素分析

平均指标变动分析的具体步骤如下:

(1) 计算可变构成指数,分析平均指标的总变动:

$$\text{可变构成指数} = \frac{\sum x_1 f_1}{\sum f_1} \div \frac{\sum x_0 f_0}{\sum f_0}$$

$$\text{变动绝对额} = \frac{\sum x_1 f_1}{\sum f_1} - \frac{\sum x_0 f_0}{\sum f_0}$$

(2) 计算结构影响指数,分析各组单位数在总体单位数中的结构变动对平均指标变动的影响:

$$\text{结构影响指数} = \frac{\sum x_0 f_1}{\sum f_1} \div \frac{\sum x_0 f_0}{\sum f_0}$$

$$\text{结构影响变动绝对额} = \frac{\sum x_0 f_1}{\sum f_1} - \frac{\sum x_0 f_0}{\sum f_0}$$

(3) 计算固定构成指数,分析各组变量水平变动对平均指标变动的影响:

$$\text{固定构成指数} = \frac{\sum x_1 f_1}{\sum f_1} \div \frac{\sum x_0 f_1}{\sum f_1}$$

$$\text{各组变量水平变动绝对额} = \frac{\sum x_1 f_1}{\sum f_1} - \frac{\sum x_0 f_1}{\sum f_1}$$

(4) 综合分析:

总变动程度等于各因素变动影响的连乘积:

$$\frac{\sum x_1 f_1}{\sum f_1} \div \frac{\sum x_0 f_0}{\sum f_0} = \left(\frac{\sum x_0 f_1}{\sum f_1} \div \frac{\sum x_0 f_0}{\sum f_0}\right) \times \left(\frac{\sum x_1 f_1}{\sum f_1} \div \frac{\sum x_0 f_1}{\sum f_1}\right)$$

总变动绝对额等于各因素变动影响绝对额的代数和:

$$\frac{\sum x_1 f_1}{\sum f_1} - \frac{\sum x_0 f_0}{\sum f_0} = \left(\frac{\sum x_0 f_1}{\sum f_1} - \frac{\sum x_0 f_0}{\sum f_0}\right) + \left(\frac{\sum x_1 f_1}{\sum f_1} - \frac{\sum x_0 f_1}{\sum f_1}\right)$$

第二部分 练 习 题

一、单项选择题

1. 编制统计指数的主要目的在于（　　）。
   A. 建立指数体系
   B. 进行因素分析
   C. 研究事物变动的趋势和规律
   D. 解决复杂社会经济现象综合变动情况

2. 统计指数分为个体指数、组指数和总指数，是按其（　　）不同划分的。
   A. 考察范围　　　　　　　　B. 所表明的指标性质
   C. 对比基期　　　　　　　　D. 变动方向

3. 反映个体现象动态变化的指数被称为（　　）。
   A. 总指数　　B. 数量指数　　C. 个体指数　　D. 质量指数

4. 反映总体规模和水平变动情况的指数被称为（　　）。
   A. 综合指数　　B. 数量指数　　C. 平均指数　　D. 质量指数

5. 综合指数是一种（　　）。
   A. 简单指数　　B. 加权指数　　C. 个体指数　　D. 平均指数

6. 综合指数是（　　）对比形成的指数。
   A. 两个相对指标　　B. 两个平均指标　　C. 相邻个体指数　　D. 两个总量指标

7. 在材料消耗综合指数中，每种产品的材料单耗指标是（　　）。
   A. 质量指标　　B. 数量指标　　C. 相对指标　　D. 总量指标

8. 下列指数中，属于质量指标指数的是（　　）。
   A. 产量指标　　　　　　　　B. 商品销售量指数
   C. 职工人数指数　　　　　　D. 劳动生产率指数

9. 下列指数中，不属于数量指标的是（　　）。
   A. 价格指数　　B. 产量指数　　C. 销售量指数　　D. 出口量指数

10. 把综合指数变形为平均指数，是为了（　　）。
    A. 计算简便　　　　　　　　B. 计算结果更准确
    C. 适应实际资料的要求　　　D. 适应实际工作部门的要求

11. 下列指数中，属于帕氏价格指数的是（　　）。
    A. $\dfrac{\sum p_0 q_1}{\sum p_0 q_0}$　　B. $\dfrac{\sum p_1 q_1}{\sum p_1 q_0}$　　C. $\dfrac{\sum p_1 q_1}{\sum p_0 q_1}$　　D. $\dfrac{\sum p_1 q_1}{\sum p_0 q_1}$

12. 设 p 表示商品的价格，q 表示商品的销售量，$\sum p_1q_1/\sum p_0q_1$ 说明了（　　）。

   A. 在报告期销售量条件下，价格综合变动的程度

   B. 在基期销售量条件下，价格综合变动的程度

   C. 在报告期价格水平下，销售量综合变动的程度

   D. 在基期价格水平下，销售量综合变动的程度

13. 平均指数是通过下列某项指数加权平均而成的，该项指数是（　　）。

   A. 总指数　　　B. 数量指标指数　　　C. 质量指标指数　　　D. 个体指数

14. 下列总量指标指数体系中，较常用的是（　　）。

   A. $\dfrac{\sum p_1q_1}{\sum p_0q_0} = \dfrac{\sum p_1q_1}{\sum p_0q_0} \times \dfrac{\sum p_1q_0}{\sum p_0q_0}$　　　B. $\dfrac{\sum p_1q_1}{\sum p_0q_0} = \dfrac{\sum p_1q_1}{\sum p_0q_0} \times \dfrac{\sum p_0q_0}{\sum p_0q_0}$

   C. $\dfrac{\sum p_1q_1}{\sum p_0q_0} = \dfrac{\sum p_1q_1}{\sum p_0q_1} \times \dfrac{\sum p_0q_1}{\sum p_0q_0}$　　　D. $\dfrac{\sum p_1q_1}{\sum p_0q_0} = \dfrac{\sum p_0q_1}{\sum p_0q_0} \times \dfrac{\sum p_1q_1}{\sum p_0q_0}$

15. 在编制数量指标指数时（　　）。

   A. 同度量因素是报告期的数量指标　　　B. 同度量因素是基期的数量指标

   C. 同度量因素是报告期的质量指标　　　D. 同度量因素是基期的质量指标

16. 如果某种商品的零售价格上涨 10%，销售量下降 10%，则销售额指数（　　）。

   A. 有所增加　　　B. 有所减少　　　C. 没有变化　　　D. 无法判断

17. 某外贸公司 2022 年 12 月与 11 月相比各种商品的出口量平均增长了 8%，出口总额平均增长了 12%，则出口价格平均变动为（　　）。

   A. 增长 103.7%　　　B. 增长 50%　　　C. 增长 3.7%　　　D. 增长 4%

18. 某企业的职工人数比上年平均增加 5%，职工工资水平平均提高 2%，则该企业职工工资总额比上年平均增长（　　）。

   A. 7%　　　B. 7.1%　　　C. 10%　　　D. 11%

19. 某公司 12 月份与 11 月份相比，产品销售价格平均下降 6%，产品销量平均增长 6%，则产品零售额（　　）。

   A. 保持不变　　　　　　　　　B. 平均下降 0.36%

   C. 平均下降 0%　　　　　　　D. 平均下降 99.64%

20. 甲产品报告期产量与基期产量的比值是 110%，这是（　　）。

   A. 综合指数　　　B. 总指数　　　C. 个体指数　　　D. 平均数指数

21. 在因素分析中，各影响因素指数的（　　）等于总变动指数。

   A. 和　　　B. 商　　　C. 积　　　D. 差

22. 某企业在报告期为所有职工都涨了工资，但分析显示，报告期的企业总平均工资却低于前一年，原因可能是（　　）。

A. 职工间工资涨幅不同　　　　　B. 选择的同度量因素不正确
C. 计算错误　　　　　　　　　　D. 报告期员工结构发生了较大变化

23. 某销售公司销售额今年较去年上升 21%，同期销售量指数为 116%，则销售价格指数是（　　）。
　　A. 5%　　　　B. 115%　　　　C. 104.31%　　　　D. 105%

24. 某工厂总生产费用，今年比上年平均上升 50%，产量平均增产 25%，那么产品单位成本平均提高了（　　）。
　　A. 2%　　　　B. 25%　　　　C. 75%　　　　D. 20%

25. 若为了纯粹反映价格变化而不受销售量结构变动的影响，计算价格总指数时应该选择的计算公式是（　　）。
　　A. 拉氏指数　　B. 帕氏指数　　C. 杨格指数　　D. 理想指数

26. 已知某商场的商业销售量指数为 105%，由于销售量增加而增加的销售额为 10 万元，又知道价格指数为 110%，则由于价格上涨而增加的销售额为（　　）万元。
　　A. 21　　　　B. 20　　　　C. 30　　　　D. 18

27. 下列平均数指数中，等于同度量因素固定在基期的销售量指数的是（　　）。

A. $\dfrac{\sum k_q p_0 q_0}{\sum p_0 q_0}$　　B. $\dfrac{\sum k_p p_0 q_0}{\sum p_0 q_0}$　　C. $\dfrac{\sum p_0 q_0}{\sum \dfrac{1}{k} p_0 q_0}$　　D. $\dfrac{\sum p_1 q_1}{\sum \dfrac{1}{k} p_1 q_1}$

28. 下列指标中，属于狭义指数的是（　　）。
A. 某地区本月社会商品零售量为上月的 119%
B. 某地区本月能源消耗总量为上月的 112%
C. 某地区本月居民收入总额为上月的 106%
D. 某地区本月居民生活用水价格为上月的 103%

29. 编制质量指标综合指数的一般原则是采用（　　）作同度量因素。
A. 报告期的质量指标　　　　　B. 基期的质量指标
C. 报告期的数量指标　　　　　D. 基期的数量指标

30. 平均指标的固定构成指数反映（　　）。
A. 平均指标的变动　　　　　　B. 总体结构的变动
C. 各组变量水平的变动　　　　D. 以上三种因素的总变动

二、多项选择题

1. 下列有关综合指数的说法中，正确的有（　　）。
　　A. 是总指数的一种形式
　　B. 可变形为平均指数

C. 是由两个总量指标对比而形成的指数

D. 是由两个平均指标对比而得到的指数

2. 下列有关平均指数的说法中,正确的有( )。

A. 是个体指数的加权平均数　　　　B. 是计算总指数的唯一形式

C. 是计算总指数的一种形式　　　　D. 可以作为一种独立的指数形式

3. 三种商品的综合价格指数为105%,其绝对影响为68万元,这表明( )。

A. 三种商品的价格平均上涨5%

B. 由于价格上涨使销售额增长5%

C. 由于价格上涨使居民在维持一定生活水准的情况下多支出68万元

D. 由于价格上涨使商店在一定销售量条件下多收入68万元

4. 在计算综合指数时,同度量因素时期的选择( )。

A. 应根据指数的经济内容来决定

B. 在计算数量指标综合指数时,应将同度量因素固定在基期

C. 在计算质量指标综合指数时,应将同度量因素固定在报告期

D. 在实际应用中,可将不变价格作为同度量因素

5. 下列各项中,属于数量指标指数的有( )。

A. 产品销售量指数　　　　　　　　B. 产品单位成本指数

C. 零售物价指数　　　　　　　　　D. 职工人数指数

6. 编制综合指数首先必须明确的概念有( )。

A. 指数化指标　　B. 同度量因素　　C. 数量化指标　　D. 权数

7. 指数的作用有( )。

A. 综合反映社会经济现象总体的变动方向

B. 综合反映社会经济现象总体的变动程度

C. 分析经济发展变化中各种因素的影响方向和程度

D. 对经济现象进行综合评价和测定

8. 某工厂所有产品出厂价格,今年是去年的115%,这个百分数是( )。

A. 总指数　　　B. 综合指数　　　C. 质量指标指数　　　D. 数量指标指数

9. 下列关于加权算术平均数指数的说法中,正确的有( )。

A. 综合指数　　　　　　　　　　　B. 总指数

C. 个体指数的加权算术平均　　　　D. 个体指数

10. 某县粮食播种面积比上年平均减少6%,平均亩产比上年平均提高了6%,该县粮食总产量和上年对比( )。

A. 持平　　　　　　　　　　　　　B. 上升0.36%

C. 下降0.36%　　　　　　　　　　D. 相当于99.64%

11. 平均指标指数体系是由（　　）组成。

A. 调和平均指数　　　　　　　　B. 结构影响指数

C. 可变构成指数　　　　　　　　D. 固定构成指数

12. 某企业产品总成本报告期为 183 150 元，比基期增长 10%，单位成本综合指数为 104%，则（　　）。

A. 总成本指数为 110%

B. 产量平均增长了 5.77%

C. 基期总成本为 166 500 元

D. 单位成本上升使总成本增加了 7 044.23 元

13. 职工平均工资平均上调 8%，职工人数平均减少了 10%，则（　　）。

A. 平均工资指数为 108%　　　　B. 职工人数指数为 90%

C. 工资总额少支付 2.8%　　　　D. 工资总额指数＝8%×10%＝0.8%

14. 已知某外资公司销售三种商品，基期出口总额为 $\sum p_0 q_0 =400$ 万元，报告期出口总额为 $\sum p_1 q_1 =420$ 万元，报告期假定的出口总额 $\sum p_0 q_1 =380$ 万元，下列计算正确的有（　　）。

A. 商品出口量总指数为 105%　　B. 商品出口量总指数为 95%

C. 出口额总指数为 105%　　　　D. 商品出口单价总指数为 110.53%

15. 编制总指数时，必须注意（　　）。

A. 综合指数一般使用全面资料

B. 平均指数可以使用非全面资料

C. 平均指数等同于综合指数法

D. 平均指数在一定条件下可以是综合指数法的变形

三、判断题

1. 统计指数是综合反映社会经济现象总变动方向及变动幅度的相对数。（　　）

2. 个体指数是综合指数的一种形式。（　　）

3. 平均指数是综合指数的一种形式。（　　）

4. 同度量因素时期选择的一般原则是：数量指标综合指数的同度量因素时期固定在报告期，质量指标综合指数的同度量因素时期固定在基期。（　　）

5. 如果基期或报告期的资料不全，就不能计算总指数。（　　）

6. 指数体系包括相对数形式和绝对数形式两种。（　　）

7. 同度量因素的作用是把不能直接相加的指标过渡到能够相加和比较的指标。（　　）

8. 同度量因素在综合指数的编制中只起过渡或媒介作用。（　　）

9. 在编制质量指标综合指数时,应将作为同度量因素的数量指标值固定在基期。
(　　)
10. 综合指数的编制方法是先综合后对比。(　　)
11. 指数体系可以测定各因素的变动对总变动的影响,进行因素分析。(　　)
12. 加权指数是计算总指数广为采用的方法,个体指数也是一种加权指数。(　　)
13. 使用全面资料条件下,平均指数可以理解为综合指数的一种变形。(　　)
14. 加权算术平均指数是以个体指数为变量值,以报告期总值 p_1q_1 资料为权数,对个体指数加权算术平均以计算的总指数。(　　)
15. 加权调和平均指数是以个体指数为变量,以报告期总值 p_1q_1 为权数,对个体指数按调和平均数形式平均而计算的总指数。(　　)
16. 某企业本年度产品销售量平均增长 5%,销售价格平均下跌 5%,则商品销售额不变。(　　)
17. 某工厂总生产费用今年比去年上升了 50%,产量平均增加了 25%,则单位成本平均提高了 25%。(　　)
18. 指数体系是进行因素分析的根据。(　　)
19. 指数体系是由总变动指数和若干个因素指数构成的数量关系式。(　　)
20. 可变构成指数＝固定构成指数÷结构影响指数。(　　)

四、思考题

1. 什么是狭义的统计指数？它有什么作用？
2. 综合指数与平均指数有什么区别与联系？
3. 说明平均指数编制的基本思想。
4. 什么是指数体系？有什么作用？

五、计算分析题

1. 现有两只股票基期与报告期收盘价格及发行数量资料,如表 10-4 所示。

表 10-4　　　　　　股票收盘价格及发行数量统计表

股票名称	发行数量(万股)		收盘价格(元)	
	基期	报告期	基期	报告期
A	9 000	13 000	7	20
B	15 000	20 000	5	9

要求：分别编制拉氏数量综合指数和帕氏股价综合指数。

2. 某公司经销的两种商品基期与报告期的价格及销量资料,如表 10-5 所示。

表 10-5　　　　　　　　　两种商品的价格及销量统计表

商品名称	销售量(台)		价格(元)	
	基期	报告期	基期	报告期
甲	1 000	3 000	100	80
乙	2 000	1 500	5	10

要求:分别编制拉氏销售量综合指数和帕氏价格综合指数。

3. 某企业生产甲、乙两种产品,两种产品的产量及单位成本资料如表 10-6 所示。

表 10-6　　　　　　　　　两种产品的产量及单位成本统计表

产品名称	计量单位	产量		单位成本(元)	
		基期	报告期	基期	报告期
甲	台	2 000	2 200	12	12.5
乙	吨	5 000	6 000	6.2	6

要求:

(1) 编制甲产品产量和单位成本的个体指数。

(2) 编制两种产品的产量总指数,说明因产量增加而增加的总成本。

(3) 编制两种产品的单位成本总指数,说明因成本降低而节约的总成本。

4. 某公司四种商品的价格及销量资料,如表 10-7 所示。

表 10-7　　　　　　　　　四种商品的价格及销量统计表

商品名称	计量单位	销售量		销售价格(元)	
		基期	报告期	基期	报告期
甲	千克	1 000	1 200	50	60
乙	米	2 000	1 800	10	11
丙	千克	700	700	60	55
丁	件	500	750	32	30

要求:请采用指数体系对该公司商品销售额的影响因素进行分析。

5. 某公司三种产品的出口价格及出口量资料,如表 10-8 所示。

表 10-8　　　　　　　　　三种产品的出口价格及出口量统计表

产品名称	计量单位	出口量		出口价格(美元)	
		基期	报告期	基期	报告期
甲	吨	80	82	100	150
乙	件	800	1 000	80	140
丙	套	60	65	120	120

要求：从相对数和绝对数两方面分析出口价格和出口量的变动对出口额的影响。

6. 某企业三种产品的生产情况有关资料如表 10-9 所示。

表 10-9　　　　　　　　　三种产品的产量及单位成本统计表

产品名称	计量单位	产量		单位成本(元)	
		基期	报告期	基期	报告期
甲	件	100	140	10	8
乙	套	300	280	20	20
丙	台	700	800	12	10

要求：从相对数和绝对数两方面分析单位成本和产品产量的变动对总成本的影响。

7. 某工厂生产 A、B、C 三种产品，去年和今年的销售量及价格资料如表 10-10 所示。

表 10-10　　　　　　　　　三种产品的价格及销量统计表

产品名称	计量单位	销售量		出厂价格(万元)	
		去年	今年	去年	今年
A	台	5 000	6 000	3	3.6
B	件	2 500	3 200	2	2.5
C	吨	750	2 000	8	9.0

要求：

(1) 编制三种产品的销售额指数。

(2) 计算三种产品今年销售额相对去年增(减)的绝对额。

(3) 从相对数和绝对数两方面分析销售量变动、价格变动分别对销售额变动的影响。

8. 某市 2021 年社会商品零售额为 12 000 万元，2022 年增加为 15 600 万元。物价平均提高了 4%。

要求：

(1) 计算零售量指数。

(2) 分析零售量和物价因素变动对零售总额变动的影响绝对值。

第三部分 参考答案

一、单项选择题

1. 【答案】 D

    【解析】 指数法的首要任务,就是把不能直接相加总的现象过渡到可以加总对比,从而反映复杂经济现象的总变动方向及变动幅度。

2. 【答案】 A

    【解析】 指数按指数所考察范围的不同,分为个体指数、组指数和总指数。

3. 【答案】 C

    【解析】 个体指数是指反映单个现象或单个事物变动的相对数。

4. 【答案】 A

    【解析】 反映总体规模和水平变动情况的指数被称为综合指数。

5. 【答案】 B

    【解析】 综合指数是一种加权指数。

6. 【答案】 D

    【解析】 综合指数是两个总量指标对比形成的指数。

7. 【答案】 A

    【解析】 材料单耗属于质量指标。

8. 【答案】 D

    【解析】 质量指标指数反映所研究现象的质量水平变动。选项ABC,都属于数量指标指数。

9. 【答案】 A

    【解析】 数量指标指数反映所研究现象的数量规模变动。选项A,价格指数属于质量指标指数。

10. 【答案】 C

    【解析】 在实际统计工作中,有时由于受统计资料的限制,不能直接利用综合指数公式编制总指数。这时,需要改变公式形式,根据综合指数公式推导出平均指标形式来编制总指数。

11. 【答案】 D

    【解析】 帕氏价格指数是将同度量因素销售量固定在报告期,反映价格的综合变动情况。

12. 【答案】 A

【解析】 $\sum p_1q_1 / \sum p_0q_1$ 说明了在报告期销售量条件下,价格综合变动的程度。

13. 【答案】 D

 【解析】 平均指数是先通过对比计算个体现象的个体指数,然后将个体指数赋予适当的权数,加以平均得到总指数。

14. 【答案】 C

 【解析】 总量指标指数体系中常用的是将质量指标指数的同度量因素固定在报告期,数量指标指数的同度量因素固定在基期。

15. 【答案】 D

 【解析】 编制数量指标指数时,同度量因素一般选基期的质量指标。

16. 【答案】 B

 【解析】 销售额指数＝销售量指数×价格指数。根据题意,销售量指数为90%,价格指数为110%,则销售额指数＝90%×110%＝99%,销售额报告期相对基期下降了。

17. 【答案】 C

 【解析】 根据题意,出口量指数为108%,出口总额指数为112%,则出口价格指数＝出口总额指数÷出口量指数＝112%÷108%＝103.70%,出口价格平均增长了3.7%。

18. 【答案】 B

 【解析】 根据题意,职工人数指数为105%,职工工资水平指数为102%,职工工资总额指数＝职工人数指数×职工工资水平指数＝105%×102%＝107.1%,职工工资总额比上年平均增长7.1%。

19. 【答案】 B

 【解析】 产品零售额指数＝产品销量指数×产品销售价格指数＝106%×94%＝99.64%,产品零售额下降0.36%。

20. 【答案】 C

 【解析】 110%描述的是单个产品变动的指数,属于个体指数。

21. 【答案】 C

 【解析】 在因素分析中,总变动指数等于各个影响因素指数的乘积。

22. 【答案】 D

 【解析】 企业总平均工资受职工工资水平和员工结构两个因素影响。

23. 【答案】 C

 【解析】 销售价格指数＝销售额指数÷销售量指数＝121%÷116%＝104.31%。

24. 【答案】 D

 【解析】 单位成本指数＝总生产费用指数÷产量指数＝150%÷125%＝120%,单位成本平均提高了20%。

25. 【答案】 A

【解析】 为了纯粹反映价格变化而不受销售量结构变动的影响,计算价格总指数时应该选择的计算公式是拉氏指数。

26. 【答案】 A

【解析】 根据题意,$\dfrac{\sum p_0 q_1}{\sum p_0 q_0}=105\%$,$\sum p_0 q_1 - \sum p_0 q_0 = 10$,$\dfrac{\sum p_1 q_1}{\sum p_0 q_1}=110\%$,可以推算出 $\sum p_0 q_1 = 210$,$\sum p_0 q_0 = 200$,$\sum p_1 q_1 = 231$,则 $\sum p_1 q_1 - \sum p_0 q_1 = 231 - 210 = 21$,即由于价格上涨而增加的销售额为 21 万元。

27. 【答案】 A

28. 【答案】 A

【解析】 狭义指数是综合反映多种不同事物在不同时间上的总变动的特殊的相对数,即专门用来综合说明那些不能直接相加和对比的复杂社会经济现象的变动情况。选项BCD,反映的都不是复杂现象。

29. 【答案】 C

【解析】 编制质量指标综合指数的一般原则是采用报告期的数量指标作同度量因素。

30. 【答案】 C

【解析】 平均指标的固定构成指数反映各组变量水平的变动情况。

二、多项选择题

1. 【答案】 ABC

【解析】 综合指数是由两个总量指标对比而形成的,而非平均指标。

2. 【答案】 ACD

【解析】 选项B,平均指数和综合指数都是总指数的形式。

3. 【答案】 ACD

【解析】 价格指数代表的是价格的平均变动情况。

4. 【答案】 ABCD

5. 【答案】 AD

【解析】 数量指标指数反映所研究现象的数量规模变动。选项BC属于质量指标指数。

6. 【答案】 AB

【解析】 编制综合指数首先必须明确的概念是指数化指标和同度量因素。

7. 【答案】 ABCD

8. 【答案】 ABC

【解析】 价格指数属于质量指标指数,而非数量指标指数。

9. 【答案】 BC

【解析】 加权算术平均数指数属于总指数,是对个体指数的加权算术平均。

10. 【答案】 CD

    【解析】 粮食总产量指数＝播种面积指数×平均亩产指数＝94%×106%＝99.64%。

11. 【答案】 BCD

    【解析】 平均指标指数体系是由结构影响指数、可变构成指数和固定构成指数组成。

12. 【答案】 ABCD

    【解析】 选项 A,总成本指数为 110%。选项 B,产量指数＝总成本指数÷单位成本指数＝110%÷104%＝105.77%,产量平均增加了 5.77%。选项 C,基期总成本＝报告期总成本÷总成本指数＝183 150÷110%＝166 500 元。选项 D,$\frac{\sum q_1 p_1}{\sum q_1 p_0} = \frac{183\,150}{\sum q_1 p_0} = 104\%$,因而得到 $\sum q_1 p_0 = 176\,105.77$,单位成本上升使总成本变动的金额＝$\sum q_1 p_1 - \sum q_1 p_0 = 183\,150 - 176\,105.77 = 7\,044.23$ 元。

13. 【答案】 ABC

    【解析】 根据题意,平均工资指数为 108%,职工人数指数为 90%,工资总额指数＝平均工资指数×职工人数指数＝108%×90%＝97.2%,工资总额降低 2.8%。

14. 【答案】 BCD

    【解析】 商品出口量总指数＝$\frac{\sum p_0 q_1}{\sum p_0 q_0} = \frac{380}{400} = 95\%$。出口额总指数＝$\frac{\sum p_1 q_1}{\sum p_0 q_0} = \frac{420}{400} = 105\%$。出口单价总指数＝$\frac{\sum p_1 q_1}{\sum p_0 q_1} = \frac{420}{380} = 110.53\%$。

15. 【答案】 ABD

    【解析】 选项 C,平均指数是综合指数的变形,两者并不相同。

三、判断题

1. 【答案】 √

2. 【答案】 ×

    【解析】 综合指数属于总指数。

3. 【答案】 ×

    【解析】 平均指数和综合指数都属于总指数的形式。

4. 【答案】 ×

    【解析】 同度量因素时期选择的一般原则是:数量指标综合指数的同度量因素时期固定在基期,质量指标综合指数的同度量因素时期固定在报告期。

5. 【答案】 ×

   【解析】 如果基期或报告期资料不全,可以将综合指数变形为平均指数计算总指数。

6. 【答案】 √

7. 【答案】 √

8. 【答案】 ×

   【解析】 同度量因素可以把不能直接相加的指标过渡到能够相加和比较的指标,并且其具有权数的性质。

9. 【答案】 ×

   【解析】 在编制质量指标综合指数时,应将作为同度量因素的数量指标值固定在报告期。

10. 【答案】 √

11. 【答案】 √

12. 【答案】 ×

    【解析】 个体指数反映的是单个现象的变动情况,不属于加权指数。

13. 【答案】 √

14. 【答案】 ×

    【解析】 加权算术平均指数是以个体指数为变量值,以基期总值 p_0q_0 资料为权数,计算个体指数的加权算术平均数。

15. 【答案】 √

16. 【答案】 ×

    【解析】 销售额指数=销售量指数×价格指数=105%×95%=99.75%,销售额下降 0.25%。

17. 【答案】 ×

    【解析】 单位成本指数=总生产费用指数÷产量指数=150%÷125%=120%,单位成本平均提高 20%。

18. 【答案】 √

19. 【答案】 √

20. 【答案】 ×

    【解析】 可变构成指数=固定构成指数×结构影响指数。

四、思考题

1. 【答案】

   狭义指数是综合反映多种不同事物在不同时间上的总变动的特殊的相对数,即专门用来综合说明那些不能直接相加和对比的复杂社会经济现象的变动情况。

作用有：

(1) 综合反映社会经济现象总变动方向及变动幅度。

(2) 分析和测定社会经济现象总体变动受各因素变动的影响。

(3) 研究同类现象变动趋势。

2.【答案】

两者联系：平均指数是综合指数的变形。

两者区别：

(1) 运用资料的条件不同。综合指数主要适用于全面资料的编制，而平均指数除了可以适用全面资料编制外，对于非全面资料的编制，更有其现实应用意义。

(2) 方法(形式)不同。综合指数是通过引进同度量因素，先计算出总体的总量，然后进行对比，即先综合，后对比。而平均指数是在个体指数的基础上通过加权计算总指数，即先对比，后平均。

3.【答案】

以个体指数为基础采取平均指标形式编制的总指数，叫作平均指数，也称为平均数指数。

平均指数编制的基本方法则是"先对比，后平均"。"先对比"，是指先通过对比计算个体现象的个体指数；"后平均"，则是指将个体指数赋予适当的权数，加以平均得到总指数。

4.【答案】

指数体系可以有两种不同的含义。广义的指数体系类似于指标体系的概念，泛指若干个内容上相互关联的统计指数所结成的体系。狭义的指数体系仅指几个指数之间在一定的经济联系基础上所结成的严密的数量关系式。这里主要针对狭义的指数体系。

指数体系的分析作用主要有两个方面：一是进行"因素分析"，即分析现象的总变动中各有关因素的影响程度；二是进行"指数推算"，即根据已知的指数推算未知的指数。

五、计算分析题

1.【答案】

拉氏数量综合指数：

$$L_q = \frac{\sum q_1 p_0}{\sum q_0 p_0} = \frac{13\,000 \times 7 + 20\,000 \times 5}{9\,000 \times 7 + 15\,000 \times 5} = \frac{191\,000}{138\,000} = 138.41\%$$

帕氏股价综合指数：

$$P_p = \frac{\sum q_1 p_1}{\sum q_1 p_0} = \frac{13\,000 \times 20 + 20\,000 \times 9}{13\,000 \times 7 + 20\,000 \times 5} = \frac{440\,000}{191\,000} = 230.37\%$$

2. 【答案】

拉氏销售量综合指数：

$$L_q = \frac{\sum q_1 p_0}{\sum q_0 p_0} = \frac{3\,000 \times 100 + 1\,500 \times 5}{1\,000 \times 100 + 2\,000 \times 5} = \frac{307\,500}{110\,000} = 279.55\%$$

帕氏价格综合指数：

$$P_p = \frac{\sum q_1 p_1}{\sum q_1 p_0} = \frac{3\,000 \times 80 + 1\,500 \times 10}{3\,000 \times 100 + 1\,500 \times 5} = \frac{255\,000}{307\,500} = 82.93\%$$

3. 【答案】

(1) 甲产品产量个体指数：

$$k_甲 = \frac{2\,200}{2\,000} = 110\%$$

甲产品单位成本个体指数：

$$k_甲 = \frac{12.5}{12} = 104.17\%$$

(2) 产量总指数：

$$L_q = \frac{\sum q_1 p_0}{\sum q_0 p_0} = \frac{2\,200 \times 12 + 6\,000 \times 6.2}{2\,000 \times 12 + 5\,000 \times 6.2} = \frac{63\,600}{55\,000} = 115.64\%$$

因产量增加而增加的总成本为：

$$63\,600 - 55\,000 = 8\,600(元)$$

(3) 单位成本总指数：

$$P_p = \frac{\sum q_1 p_1}{\sum q_1 p_0} = \frac{2\,200 \times 12.5 + 6\,000 \times 6}{2\,200 \times 12 + 6\,000 \times 6.2} = \frac{63\,500}{63\,600} = 99.84\%$$

因成本降低而节约的总成本为：

$$63\,500 - 63\,600 = -100(元)$$

4. 【答案】

四种商品的价格及销量指数计算如表 10-11 所示。

表10-11　　　　　　　　四种商品的价格及销量指数计算表

商品名称	计量单位	销售量		销售价格(元)		销售额(元)		
		基期	报告期	基期	报告期	q_0p_0	q_1p_1	q_1p_0
甲	千克	1 000	1 200	50	60	50 000	72 000	60 000
乙	米	2 000	1 800	10	11	20 000	19 800	18 000
丙	千克	700	700	60	55	42 000	38 500	42 000
丁	件	500	750	32	30	16 000	22 500	24 000
合计	—	—	—	—	—	128 000	152 800	144 000

销售量总指数：

$$L_q = \frac{\sum q_1 p_0}{\sum q_0 p_0} = \frac{144\ 000}{128\ 000} = 112.50\%$$

价格总指数：

$$P_p = \frac{\sum q_1 p_1}{\sum q_1 p_0} = \frac{152\ 800}{144\ 000} = 106.11\%$$

销售额指数：

$$I = \frac{\sum p_1 q_1}{\sum p_0 q_0} = \frac{152\ 800}{128\ 000} = 119.38\%$$

指数体系为：

$$\begin{cases} \dfrac{\sum p_1 q_1}{\sum p_0 q_0} = \dfrac{\sum p_0 q_1}{\sum p_0 q_0} \cdot \dfrac{\sum p_1 q_1}{\sum p_0 q_1} & \text{相对数体系} \\ \sum p_1 q_1 - \sum p_0 q_0 = \left(\sum p_0 q_1 - \sum p_0 q_0\right) + \left(\sum p_1 q_1 - \sum p_0 q_1\right) & \text{绝对数体系} \end{cases}$$

则：

$$\begin{cases} 119.38\% = 112.50\% \times 106.11\% \\ 24\ 800 = 8\ 800 + 16\ 000 \end{cases}$$

计算结果表明，由于销售价格平均上升6.11%，使销售额增加8 800元，由于销售量平均增加12.50%，使销售额增加16 000元，两者共同影响的结果，使四种产品的销售额平均增长19.38%，即增加24 800元。

5.【答案】

三种产品的出口价格及出口量指数计算如表10-12所示。

表 10-12　　　　　三种产品的出口价格及出口量指数计算表

产品名称	计量单位	出口量		出口价(美元)		出口总额(美元)		
		q_0	q_1	p_0	p_1	$q_0 p_0$	$q_1 p_1$	$q_1 p_0$
甲	吨	80	82	100	150	8 000	12 300	8 200
乙	件	800	1 000	80	140	64 000	140 000	80 000
丙	套	60	65	120	120	7 200	7 800	7 800
合计	—	—	—	—	—	79 200	160 100	96 000

出口量总指数：

$$L_q = \frac{\sum q_1 p_0}{\sum q_0 p_0} = \frac{96\,000}{79\,200} = 121.21\%$$

出口价格总指数：

$$P_p = \frac{\sum q_1 p_1}{\sum q_1 p_0} = \frac{160\,100}{96\,000} = 166.77\%$$

出口额指数：

$$I = \frac{\sum p_1 q_1}{\sum p_0 q_0} = \frac{160\,100}{79\,200} = 202.15\%$$

指数体系为：

$$\begin{cases} \dfrac{\sum p_1 q_1}{\sum p_0 q_0} = \dfrac{\sum p_0 q_1}{\sum p_0 q_0} \cdot \dfrac{\sum p_1 q_1}{\sum p_0 q_1} & \text{相对数体系} \\ \sum p_1 q_1 - \sum p_0 q_0 = (\sum p_0 q_1 - \sum p_0 q_0) + (\sum p_1 q_1 - \sum p_0 q_1) & \text{绝对数体系} \end{cases}$$

则：

$$\begin{cases} 202.15\% = 166.77\% \times 121.21\% \\ 80\,900 = 64\,100 + 16\,800 \end{cases}$$

计算结果表明，由于三种产品的出口价格平均上升 66.77%，使出口总额增加 64 100 美元，由于出口量平均增加 21.21%，使出口总额增加 16 800 美元，两者共同影响的结果，使三种产品的出口总额平均增长 102.15%，增加 80 900 美元。

6.【答案】

三种产品的产量及单位成本指数计算如表 10-13 所示。

表 10-13　　　　　　　三种产品的产量及单位成本指数计算表

产品名称	计量单位	产量		单位成本(元)		总成本(元)		
		q_0	q_1	p_0	p_1	$q_0 p_0$	$q_1 p_1$	$q_1 p_0$
甲	件	100	140	10	8	1 000	1 120	1 400
乙	套	300	280	20	20	6 000	5 600	5 600
丙	台	700	800	12	10	8 400	8 000	9 600
合计	—	—	—	—	—	15 400	14 720	16 600

产量总指数：

$$L_q = \frac{\sum q_1 p_0}{\sum q_0 p_0} = \frac{16\ 600}{15\ 400} = 107.79\%$$

单位成本总指数：

$$P_p = \frac{\sum q_1 p_1}{\sum q_1 p_0} = \frac{14\ 720}{16\ 600} = 88.67\%$$

总成本指数：

$$I = \frac{\sum p_1 q_1}{\sum p_0 q_0} = \frac{14\ 720}{15\ 400} = 95.58\%$$

指数体系为：

$$\begin{cases} \dfrac{\sum p_1 q_1}{\sum p_0 q_0} = \dfrac{\sum p_0 q_1}{\sum p_0 q_0} \cdot \dfrac{\sum p_1 q_1}{\sum p_0 q_1} & \text{相对数体系} \\ \sum p_1 q_1 - \sum p_0 q_0 = \left(\sum p_0 q_1 - \sum p_0 q_0\right) + \left(\sum p_1 q_1 - \sum p_0 q_1\right) & \text{绝对数体系} \end{cases}$$

则：

$$\begin{cases} 95.58\% = 107.79\% \times 88.67\% \\ -680 = -1\ 880 + 1\ 200 \end{cases}$$

计算结果表明,由于单位成本平均降低 11.33%,使总成本下降 1 880 元,由于产量平均增长 7.79%,使总成本增加 1 200 元,两者共同影响的结果,使总成本平均降低 4.42%,即减少总成本 680 元。

7.【答案】

三种产品的价格及销售量指数计算如表 10-14 所示。

表 10-14　　　　　　　三种产品的价格及销售量指数计算表

产品名称	计量单位	销售量		出厂价格(元)		销售额(元)		
		q_0	q_1	p_0	p_1	$q_0 p_0$	$q_1 p_1$	$q_1 p_0$
A	台	5 000	6 000	3	3.6	15 000	21 600	18 000
B	件	2 500	3 200	2	2.5	5 000	8 000	6 400
C	吨	750	2 000	8	9.0	6 000	18 000	16 000
合计	—	—	—	—	—	26 000	47 600	40 400

(1) 销售额指数：

$$I = \frac{\sum p_1 q_1}{\sum p_0 q_0} = \frac{47\,600}{26\,000} = 183.08\%$$

(2) 销售额增加的绝对额：

$$\sum p_1 q_1 - \sum p_0 q_0 = 47\,600 - 26\,000 = 21\,600(万元)$$

(3) 相对数方面：

$$L_q = \frac{\sum q_1 p_0}{\sum q_0 p_0} = \frac{40\,400}{26\,000} = 155.38\%$$

$$P_p = \frac{\sum q_1 p_1}{\sum q_1 p_0} = \frac{47\,600}{40\,400} = 117.82\%$$

$$\frac{\sum p_1 q_1}{\sum p_0 q_0} = \frac{\sum p_0 q_1}{\sum p_0 q_0} \cdot \frac{\sum p_1 q_1}{\sum p_0 q_1}$$

即：

$$183.08\% = 155.38\% \times 117.82\%$$

绝对数方面：

$$\sum p_0 q_1 - \sum p_0 q_0 = 40\,400 - 26\,000 = 14\,400(万元)$$

$$\sum p_1 q_1 - \sum p_0 q_1 = 47\,600 - 40\,400 = 7\,200(万元)$$

$$\sum p_1 q_1 - \sum p_0 q_0 = (\sum p_0 q_1 - \sum p_0 q_0) + (\sum p_1 q_1 - \sum p_0 q_1)$$

即：

$$21\,600 = 14\,400 + 7\,200$$

计算结果表明，由于销售价格平均上升 17.82%，使销售额增加 7 200 万元，由于销售量平均增加 55.38%,使销售额增加 14 400 万元,两者共同影响的结果,使三种产品的销售额平均增长 83.08%,即增加 21 600 万元。

8. 【答案】

(1) 根据题意:

$$物价指数\ P_p = \frac{\sum q_1 p_1}{\sum q_1 p_0} = \frac{15\ 600}{\sum q_1 p_0} = 104\%$$

可以推算得到:

$$\sum q_1 p_0 = 15\ 600 \div 104\% = 15\ 000(万元)$$

零售量指数:

$$L_q = \frac{\sum q_1 p_0}{\sum q_0 p_0} = \frac{15\ 000}{12\ 000} = 125\%$$

(2) 零售量变动影响的零售额:

$$\sum p_0 q_1 - \sum p_0 q_0 = 15\ 000 - 12\ 000 = 3\ 000(万元)$$

零售物价变动影响的零售额:

$$\sum p_1 q_1 - \sum p_0 q_1 = 15\ 600 - 15\ 000 = 600(万元)$$

计算结果表明,由于零售量平均增加 25%,使零售额增加 3 000 万元,零售物价平均上涨 4%,使零售额增加 600 万元,两因素共影响使零售额增加 3 600 万元。